写 中 国 人 自 己 的 管 理 经 典

GOVERNMENT THROUGH SELF-MANAGEMENT
Design an automatic enterprise management system

无为而治
设计自动运行的企业制度

戴天宇／著

北京大学出版社
PEKING UNIVERSITY PRESS

图书在版编目（CIP）数据

无为而治：设计自动运行的企业制度/戴天宇著.—北京：北京大学出版社，2015.1
 ISBN 978-7-301-25080-8

Ⅰ.①无… Ⅱ.①戴… Ⅲ.①企业制度—研究 Ⅳ.①F271

中国版本图书馆 CIP 数据核字（2014）第 261265 号

书　　　　名：	无为而治——设计自动运行的企业制度
著作责任者：	戴天宇　著
责 任 编 辑：	宋智广　杜　楷
标 准 书 号：	ISBN 978-7-301-25080-8/F·4087
出 版 发 行：	北京大学出版社
地　　　　址：	北京市海淀区成府路 205 号　100871
网　　　　址：	http://www.pup.cn　新浪官方微博：@北京大学出版社
电 子 信 箱：	443402818@qq.com
电　　　　话：	邮购部 62752015　发行部 62750672
	编辑部 82207051　出版部 62754962
印　　刷　者：	天津行知印刷有限公司
经　　销　者：	新华书店
	787 毫米 × 1092 毫米　16 开本　15.5 印张　230 千字
	2015 年 1 月第 1 版　2021 年 4 月第 13 次印刷
定　　　　价：	45.00 元

未经许可，不得以任何方式复制或抄袭本书之部分或全部内容。
版权所有，侵权必究
举报电话：010-62752024　电子信箱：fd@pup.pku.edu.cn

各方评述

戴天宇博士是一位不可多得的复合型人才,他有近乎传奇的学术背景:理学/工学双学士、法学硕士、经济学博士、工商管理博士后。

多学科的专业背景使他有能力在交叉学科领域进行创新性学术研究,同时他还是一个勤奋且有激情的年轻人,思维敏锐,勤于思考,瞄准了目标,就能废寝忘食地工作,不受外界各种因素的诱惑,静下心来持之以恒地做学问。

他为写这本书是下了大功夫的,结合几个亲自参与的制度设计实例,深入剖析,由点及面,由表及里,由浅入深,这比泛泛的论述要深刻得多。没有自身实践的体会是很难完成这篇专著的。据我了解,戴天宇博士有丰富的实践经历,他有在研究院所、国家机关、公司、外资企业工作以及政府部门挂职的经历,这些经历和他所做的制度创新实践为本专著的完成奠定了雄厚的基础。他所完成的深圳市财政局项目"中小企业融资再担保的体系构建与制度设计"已付诸实践,我代表研究生院参加了这个项目的启动仪式,政府部门、银行、担保公司、企业代表都对这个再担保体系的设计和构建给予了高度评价。

原清华大学副校长、清华大学深圳研究生院院长　关志成

《无为而治——设计自动运行的企业制度》是一部别开生面的管理学著作,是作者戴天宇博士又一次奉献给读者的新作,在国内外第一次系统而完整地建立起了管理制度设计的方法论体系。一个年轻人,甘坐"冷板凳",博览群书,勇于实践,勤于思考,敢于创新,厚积薄发,终结硕果。这在当今的学术界,实在是难能可贵。筚路蓝缕,以启山林,认识真理的

道路不止一条，但每一条道路的开辟，都是艰辛的。在经济学和管理学领域，我不是专家，但有幸的是，这几年与一批年轻学者结成"忘年交"。与作者朝夕相处，为人为学，切磋琢磨，亲眼看到一个求真务实的年轻人的学术成长过程，这让我在古稀之年，仍然产生一种强烈的学术冲动，不能不为他们击掌而歌。

原深圳大学党委书记、校长　蔡德麟

戴老师：

您好！我是汇丰商学院 AMP18 班的学员马洪毅。我们是电子元器件制造企业，过去在流程与制度执行上不顺畅，听了您的课后，觉得很神奇，原来制度还可以自动执行！将您的思想用在我们企业中，效果很明显。谢谢您！

汇丰商学院 AMP18 班学员　马洪毅

戴老师：

您好！我是沈阳聚成的学员，有幸在 5 月 21 日听您讲课，您看到台下的我们表情木讷很是无奈，其实我们只是惊诧于怎么会有这么睿智的头脑。这些内容对于您来说是很简单，但对于我们来说还真有点高深，同时对我们启发极大。谢谢您！

沈阳第一水泵有限责任公司　张晓鸿

戴老师：

您好！我是前天在广州跟您学习的学生李传辉！您的演讲太精彩！太有深度！您就是活生生的国宝！您开创人类经济学新的里程碑！把"管理"提升到一个新的高度！把复杂的传统式解决问题的方法改进得极为简单！立竿见影！再次谢谢您！！

广州　李传辉

戴老师：

　　您好！我是曹智方，现在就职于加拿大沃德城市设计公司。您的课启发性很强，希望以后有机会多交流沟通，谢谢！

加拿大沃德城市设计公司　曹智方

戴老师：

　　您好，有幸能听到这么符合价值规律和具有创新精神的课程，您阅历深厚，视野开阔，观点和方法独到，有机会再听您的课程一定当面请教。

北大企管2013级　王鹏瑞

戴老师：

　　我专心地听了您三天两夜有着伟大意义的课程，您指明了我们民营企业、小微企业的方向，使我感动，使我鼓舞……听了您的课之后，觉得您才是真正的大师。

小康食品　汤永林

戴老师：

　　上次听了您的课后受益匪浅，以致连续三晚我都在做梦，梦到如何做制度设计。

杭州　刘艳平

　　戴老师您好，上海交大基业长青学员被您深深折服。

上海交大基业长青　戴明朝

　　戴教授，您好！我是缙云山里人家农特产品的王思央，曾有幸听过您的课程，很受启发，特别是那些令人振奋、发人智慧的话语，常在耳边回荡！真的很感谢您！

缙云山里人家　王思央

尊敬的戴博士：

您的课程理论与实践相结合，学员的收获都非常大。一个人的价值不是他拥有多少财富，而是帮助多少人成功，用知识传播管理科学让更多人受益，这是大德。您可是国宝级的大师啊，要早点休息哈。

粉丝　李敏

戴老师，今天上您的课受益匪浅。

泉州华大 MBA 经济金融学 16 班　黄萍萍

戴教授您好！27 日和 28 日两天在深圳听您讲的《超越执行力——让制度自动执行》，很有感触。非常感谢您给我们新观点、新方法、新思维。我特别欣赏您，您是实事求是为企业解决实质问题的学者。

凌淑冰

尊敬的戴老师，很荣幸今天能听到您的课。通过今天的学习，让我之前在制度上的很多疑问都有了解答，无论是从认识上还是从应用能力上都有了很大提高，让我受益匪浅。再次对您表示深深的感谢！

深圳　黎志刚

戴老师，下午好！自从 8 月份听了您的课程，受益匪浅，我的整个管理思路都变成以"让制度自动运行"为出发点了，我们的企业管理收效甚好，再次表示深深的谢意。

抓抓族&儿童乐园　宁晨

推荐序 1

从交易结构看制度设计

阅读戴天宇博士的《无为而治——设计自动运行的企业制度》，是一种愉悦的体验。本书逻辑严密，酣畅淋漓，一气呵成。戴博士对管理制度原理剖析之深刻、工具设计之严密、实践应用之巧妙，令人赞叹。

《无为而治——设计自动运行的企业制度》一书，把管理制度设计推向了一个新的高度。更值得推崇的是，这本书的理论逻辑并不只来源于对历史文献的搜集分析、解构重构，而是来源于通通快递、某市再担保体系、兴兴电子公司等制度设计实践，是理论与实践知行合一的成果。这些原理、工具、应用都来自第一线的实践总结、第一手的逻辑推演，相信将经得起实践的推敲和时间的检验。

从交易结构的视角来看，戴博士的制度设计打开了企业内部黑匣子，是企业内部交易结构的设计方法论，但也可以将某些假设推广为对整个商业模式交易结构、商业生态交易结构的设计。

从交易结构的视角来观察本书的制度设计方法论，有以下几点想法，与大家分享：

第一，制度设计需要建立连接历史、现状、未来的逻辑关系。本书通过一系列的逻辑阐述和工具介绍，给出了"如何将员工个体的利益追求引导到与组织需要的制度设计目标一致方向"的解答。这种解答的前提基于对企业内、外部生态的现状分析，对目标的设计基于对未来的判断和价值取向，对方案的设计基于尊重历史现状、导向目标未来，理论严密，逻辑环环相扣。

第二，制度设计不但要考虑个体利益诉求，还要分析个体的实力（或者资源能力）。制度设计需要在各种力量对比和利益交错中找到一条把企业推向前进的路径。这种实力对比、利益交错的博弈，是企业制度设计之难点所在，稍有不慎，就有可能左手打右手；但这也是企业制度设计令人着迷之处，如果可以借力打力，可收事半功倍之效。

第三，制度设计本质上是一种顶层设计。掌握制度设计的方法论，企业就有可能从"摸着石头过河"对博弈结果推演，提升到从架构层面上预先设计博弈结构、引导博弈结果，管理因此从后验式的总结走向先验式的设计。这种先验式的设计来自于对逻辑的深刻理解、对人性和利益诉求的洞见、对未来判断的厚实自信。管理是一门"人"的学问，而制度设计，无疑是对"人"要求更高的一门学问。

第四，非常赞同戴博士对制度的定义：活的游戏规则。所谓"活"的游戏规则，指的是与时俱进，需要动态地优化、重构制度，对制度的存活期和应用条件有清醒的认识。书中对动态博弈结构的重视，对系统动力学的引入，对缜密定量分析的高度重视，都使得制度设计朝着更为科学的方向演化。书中对系统动力学、博弈论、生态分析等理论的跨学科应用，向我们展示了一幅管理学与其他学科碰撞、交融的图景，也呈现了管理学作为一门综合学科的魅力所在。这种动态演化、信息反馈调节、生机盎然的企业生态，正是管理学复杂之处，亦是管理学精彩之处。

正如书中所言，经营管理体系可从下往上分为商业模式、业务流程、管理制度、组织形态、企业文化等多个层次。和戴博士认识多年，据我了解，戴博士于战略、运营、管理信息系统、商业模式等多领域都有涉猎，是管理学领域的"通才"。目前，他在商业模式设计、业务流程设计等方面也正尝试全面创新。我和其他读者一起，期待戴博士后续著作的推出。我相信，这些著作组合到一起，将会为企业的经营管理体系提供更为结构化的方法论视角。

正如戴博士所言，管理是一门科学，但管理学还不是一门科学。但正是靠着像戴博士这样一位又一位学者,从一个又一个管理学子领域逐渐积累,逐步推进,前赴后继,我们才有可能把整个管理学的理论体系最终推向科学的彼岸。

最后,请允许我用书中的一句话做结:

"从这里开始,让我们体验不一样的管理科学新天地。"

北京大学汇丰商学院常务副院长

魏　炜

推荐序 2

体验不一样的管理学

"思想自由,兼容并包"是北大的学术传统。北大汇丰商学院自创院以来,在"兼容并包"的精神下,吸引了海内外各路学术精英,汇集于南国燕园。虽然学术理念有差异,学术观点有分歧,但他们已经在各自的研究领域迸射出自己独特的智慧火花。

戴天宇老师自到北大汇丰商学院工作以来,曾经和我多次交流,矢志建立起一套不同于传统体系的管理学新范式——包括商业生态学、企业进化论、商业模式设计学、业务流程设计学、管理制度设计学等在内的"企业进化工程"。春耕秋实,经过两年多的努力,这本倾注心血的《无为而治——设计自动运行的企业制度》终于问世了。

这本书秉承"大道至简,返璞归真"的理念,用通俗而浅显的语言,揭示出人类行为和社会发展背后最深刻的驱动因素——制度,不仅仅是"自然秩序"的自发结果,一旦人们掌握了制度设计的原理和方法,也可以进行理性构建和科学设计。在书中,作者以大量亲身设计并成功应用于管理实践的制度设计案例有力地证明了这一点,给管理学界多年以来在此问题上的争论提供了新的思路。

经济学和管理学发展至今,各家各派的理论很多,但方法论研究相对不足,理论和实践之间存在较为明显的脱节。本书在这方面做了大量原创性努力,连同作者完成的《商业模式设计学原理与方法》《业务流程设计学原理与方法》等一系列著作,对于将理论转化为实践,做了非常有益的探索。

正如作者所言:"人类最伟大的发明,不是产品的创造,而是制度的创新，尤其是那些在历史的重要节点上推动了社会变革甚至引发跨越式发展的制度创新。"我相信，在中国改革开放继往开来的新征程上，将会有更多年轻学者和作者一样，通过研究制度的设计和创新，为中国企业的成长和民族的复兴，贡献自己的力量。

法国哲学家蒙田（Michel de Montaigne）说："一个有使命感的生命，是人类最伟大的作品。"一个人只有树立了远大的目标，面对困难和浮躁，才能经得起考验，顶得住诱惑；才能忍耐和坚持，到达理想的彼岸。这是戴天宇老师的信念，也是全体北大汇丰人的信念。

特此为序以共勉。

北京大学汇丰商学院创院院长

海　闻

2014 年秋

目录

Prologue
引　子 管理学：范式革命 / 1

Chapter 1
第一章 无为而治靠精巧制度 / 11

一、好的制度可以实现"无为而治" / 14

二、制度："活的游戏规则" / 15

三、制度设计："大道至简" / 17

四、通通快递成功的四大秘诀 / 22

Chapter 2
第二章 企业管理制度的通病 / 29

一、管理制度的那些"病" / 31

二、管理制度的那些"误" / 39

三、人是活的，制度也是活的 / 44

Chapter 3
第三章 制度比执行力更重要 / 51

一、没有好的制度，哪来好的执行 / 53

二、狠抓落实，往往说明制度太笨 / 56

三、制度不当，严格执行只会适得其反 / 59

四、科学管理，从科学的制度设计开始 / 61

Chapter 4
第四章 从执行力到制度设计 / 69

一、"可以自动执行的制度" / 72

二、关键词1：主体归位，利益内嵌 / 73

三、关键词2：自组织，自管理 / 80

四、关键词3：尊重历史，秉承传统 / 90

Chapter 5
第五章 从博弈论到制度设计 / 93

一、囚徒困境 / 97

二、智猪博弈 / 102

三、动态博弈及不完全信息博弈 / 105

四、从博弈论到制度设计 / 110

Chapter 6
第六章 如何制定自运行制度 / 117

一、谁来参加游戏 / 121

二、制度主体定位 / 125

三、如何参加游戏 / 130

四、制度主体利益诉求转化 / 135

Chapter 7
第七章 管理制度设计跟我学之一 / 143

一、外部环境调研：社会"宏制度"与商业生态圈 / 148

二、内部生态调研：种群、群落与关系网络 / 153

三、界定制度主体及其利益诉求 / 157

四、确定制度设计的目标、理念和原则 / 160

Chapter 8
第八章 管理制度设计跟我学之二 / 167

　　一、利益结构造 / 170

　　二、利益势分析 / 172

　　三、博弈论分析 / 177

　　四、系统论分析 / 180

Chapter 9
第九章 管理制度设计跟我学之三 / 187

　　一、"元规则"及其结构化、模块化展开 / 189

　　二、系统控制、信息通路与组织设施配套 / 195

　　三、仿真检验、实验检验与成本收益核算 / 199

　　四、文字编排、试运行与调试、交付运维 / 206

Chapter 10
第十章 民富国强终须靠制度 / 211

　　一、科技立国需要制度设计 / 214

　　二、人才强国需要制度设计 / 216

　　三、金融富国需要制度设计 / 219

　　四、宏观调控需要制度设计 / 225

Appendix
附　录　主要参考文献（按引文顺序）/ 229

Prologue

引子

管理学：范式革命

管理学界充斥着太多的谎言，管理学需要一场革命。

引子概览

"温水煮青蛙""鲶鱼效应"是流传甚广的管理学故事，可它们的真实性却很值得质疑……当今的"管理学知识"中充斥着大量不可靠的内容，管理学至少需要在四个方面进行变革——视角变革、视野变革、观念变革和理念变革！笔者认为，强调"如何去管""如何管好"的传统管理学是一条弯路，管理的最高境界是"无为而治"，在本书中，笔者将介绍一门新的管理科学——管理制度设计学。

"真理往往始于异端，而终于迷信。"[1]

——托马斯·赫胥黎

从这里开始，不一样的精彩。

不一样的精彩，来自不一样的演绎。从这里开始，读者需要一份勇气，一份执着，和我们一起踏上挑战正统管理学的"异端之旅""叛逆之旅""颠覆之旅"，因为只有冲破思想的藩篱，跨越教条的围墙，才能欣赏到不一样的风景。

是"管理学知识"，还是"美丽谎言"？

我们的挑战，就从两个小小的实验开始。

"温水煮青蛙"是时下流行的众多"励志"故事当中的一个，大意是说：如果把青蛙扔进滚烫的热水之中，它会闪电般地蹿出来；可若放进凉水中慢慢加热，青蛙开始会觉得很舒服，甚至在水里悠哉游哉，等到水温上升到一定程度，青蛙感觉不对时，再想脱离险境，却已经蹦不出来了。这个故事常常被用来"语重心长"地告诫那些缺乏忧患意识的企业要居安思危，"微软离破产永远只有18个月"。

笔者在培训课堂上听闻这个故事时，心潮起伏，激动不已，深深为台上讲师娓娓道来的深刻道理所折服，仰慕之情更是如滔滔江水连绵不绝，但兴奋之余，习惯使然，还是想做个验证。笔者先到田里抓了六只青蛙，再架上一只大铁桶，放入五分水，上面挂上温度计，下面支上煤油炉。可实验结果却出人意料：慢慢加热铁桶里的凉水，水温在15、20、25摄氏度时，各放一只青蛙进去，继续加热到30多摄氏度时，青蛙便死命往外蹦；待水温上升到85、90、95摄氏度时，再各

---

[1] 转引自阿玛蒂亚·K.森. 伦理学与经济学[M]. 王宇，王文玉译. 北京：商务印书馆，2000：111.

扔一只青蛙进去，青蛙们蹬两下腿，便翻了肚皮，成了鲜美的"水煮田鸡汤"。

后来，机缘巧合之下，笔者又对传说中的"鲶鱼效应"做了模拟实验。据说挪威近海有一种名贵的沙丁鱼，味道非常鲜美，只是沙丁鱼生性好静不好动，捕捞上来装进船舱，运回码头后就都因缺氧而死了，卖不出好价钱。不过一位老渔民有秘诀，每次出海都能带回满舱活蹦乱跳的沙丁鱼，所以发了大财，别人问他诀窍，他死活不说。直到他去世后，人们打开他的船舱，发现里面多了一条凶猛的鲶鱼，这才恍然大悟：放入鲶鱼后，沙丁鱼自然就会紧张起来，拼命地游动，以避免被鲶鱼吃掉，结果反而保持了生机和活力。"鲶鱼效应"常常被用来"苦口婆心"地教诲企业的管理者：一个组织，如果人员长期固定，就会缺少新鲜感和活力，产生懈怠和惰性，必要时，应从外面引入一些"鲶鱼"，制造一种紧张气氛，从而激活企业内部现有成员的竞争意识，让组织重新焕发勃勃生机。

笔者因条件有限，一直没有机会让挪威沙丁鱼和鲶鱼来一次亲密接触，只是觉得理论上说不通：沙丁鱼死亡，是因为缺氧，为了躲避鲶鱼而加速游动，只会导致其更加缺氧，如何还能活得更长久？为了求证心中的疑惑，笔者买了一条鲶鱼，扔进自家的金鱼缸里。第二天早上去看时，小金鱼并不是精神抖擞、红光满面、容光焕发，而是一个个浮在水面，翻了肚皮，惊恐而死——吓死了。

疑惑之下，笔者去查资料，这才明白：鲶鱼分海水种和淡水种，海鲶鱼（虾虎鱼）体型较小，吃不了沙丁鱼；淡水种的鲶鱼倒是体型够大，但不可能与海水中的沙丁鱼共处一室，来一次"关公战秦琼"。

唉，这两个故事，情节很感人，寓意很深刻，可伟大的"哲理"却靠如此编造的虚假故事来证明，不免让人啼笑皆非。由这两个案例引申出去，我们不禁要问：眼下四处开坛宣讲的"管理学知识"中，像"温水煮青蛙""鲶鱼效应"之类的"美丽谎言"究竟还有多少？

国际知名学刊 *The Economist* 在纪念管理学大师彼得·德鲁克的文章中，称管理咨询业为"一个充斥着自大狂和江湖骗子的行业"，"他们的屁股还在流着鲜血，却告诉别人我可以给你治痔疮"。说法固然愤青，但与国内不少人打着"管理学"的幌子到处兜售"伪知识"的现状还真有几分相似，像"温水煮青蛙""鲶鱼效应"之类胡编乱造的故事，竟也招摇过市、堂而皇之地登上了大学讲堂。狂妄的谬误总是比谦逊的真理传播得更快,这种情形,在其他科学研究领域还是不多见的。

有鉴于此,笔者在清华大学建立了全国第一家管理场景实验室,通过场景模拟、实景再现、全程记录和系统仿真等手段对现有管理学教材中的结论进行重新验证。实践是检验真理的标准,管理学也不能例外,不管是哪本教材说的,还是哪位大师讲的,只要不能通过检验,对不起,就不靠谱。两年间,针对管理学权威图书中那些言之凿凿的结论所做的三十多项验证性实验的结果表明:75%以上的结论不成立!

这说明什么?说明读者您以前挑灯夜读、博览群书所学到的那些管理学知识,很有可能大部分是靠不住的,或者根本就是一堆谬误!

"无为而治"——管理的最高境界

管理学到底怎么了?问题到底出在哪儿?

问题至少出在四个方面,或者说管理学至少需要在四个方面进行轰轰烈烈的变革——视角变革、视野变革、观念变革和理念变革。

首先需要变革的,是管理学的研究视角。企业经营管理体系本来是一个有机统一、浑然一体的整体系统,但传统管理学却硬生生地将它切割成了人事、行政、财务、研发、生产、营销等一大堆支离破碎、七零八落的职能

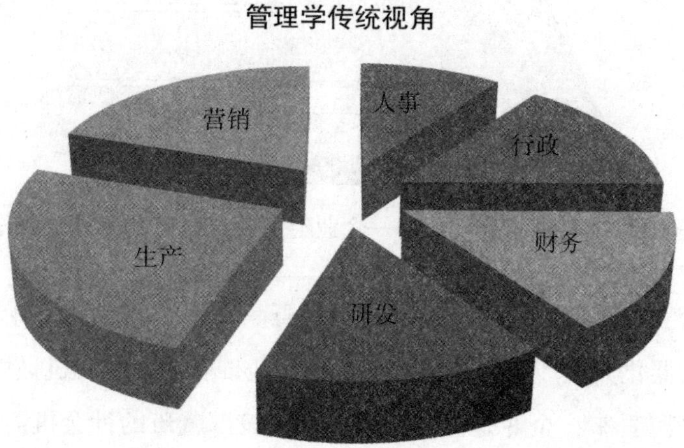

管理学传统视角

图 0-1　管理学传统视角——支离破碎的各个职能模块

"碎片",然后画地为牢,分而治之,各自在不同的"专业领域"里埋头耕耘。财务人员只会滔滔不绝地讲着财务术语,不会用别的语言;营销专家只会喋喋不休地说着营销策略,不会用别的思维。各种各的地,各说各的话,各有各的思维方式和分析逻辑,彼此之间的沟通交流,也好似鸡同鸭讲。

这种研究视角的弊端是显而易见的。可是,管理学不从这一视角出发,还有别的视角吗?回想一下,我们和朋友们分享生日蛋糕时,会怎么切?通常是从上往下切,切成一牙一牙的。不过,还有别的切法吗?当然有,还可以横着切——面包层、水果层、奶油层——一个企业的经营管理体系其实也可以这样横着切,从商业模式、业务流程、管理制度、组织形态一直到企业文化,经济基础决定上层建筑。这是一种新的视角,会帮助我们形成许多新的认识乃至颠覆性的结论,将它与传统管理学视角结合起来,"横看成岭侧成峰",就能对企业经营管理体系进行多维的、立体的观察和认识。上帝给了我们两只眼睛,两只眼睛看世界,总归比一只眼睛更加多样,更加全面,更加丰满。

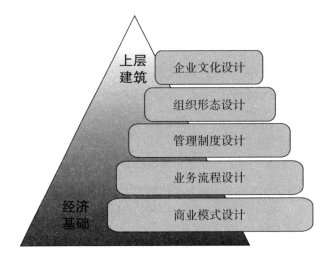

图 0-2 管理学新视角——企业经营管理体系的层次分析法

其次需要变革的,是管理学的研究视野。管理学成为一门科学,是在20世纪初的机器化大生产时代,因而不可避免地带有浓厚的"机械思维"。在传统管理学视野看来,企业是一部井然有序、按部就班的社会机器,员工是机器上的一颗颗螺丝钉,管理企业其实是在操控一部冷冰冰的"流水线机器"。

所谓的计划、组织、指挥、协调、控制等管理职能，都是在努力纠正每一个与"标准程序"不相符合的偏差，以确保企业这部"机器"每天重复而单调地"正确"运转。

图 0-3　管理学传统视野——企业只是一部井然有序的社会机器

但只要做过实际管理工作的管理者都清楚，员工不是"螺丝钉"，企业也不是一部自动化的"机器"。企业中，有着各种目的、信念、性格、习惯的来自五湖四海的人，在这里汇聚、碰撞、冲突、融合，由个体构成种群，再形成亚群落、群落，最后聚合成为一个姹紫嫣红、五彩缤纷的社会生态系统。企业是一个人的生态系统，也是一个文化生态系统、商业生态系统、社会生态系统……而在企业外部，是一个更大的、更绚丽多彩的生态圈，这是管理学需要建立的全新视野。

再次需要变革的,是管理学的观念取向。云南有"十八怪",当今中国管理学界也有"十八怪",而首当其冲的第一怪就是理论满天飞,诸如3A理论、4B理论、5C理论、6D理论(这种找出N个首字母为"A""B""C""D"的英文单词生拼硬凑出来的理论,真是让人无语),又如A管理模式、B管理模式、C管理模式、G管理模式……只可惜,多数理论只是"坐而论道","天地玄黄、宇宙洪荒",有思想没方法,有理念没技术,说起来头头是道,听上去句句在理。培训师讲完拍拍屁股走人,管理者还是不知道怎么做。管理学一代宗师彼得·德鲁克就曾指出:管理是一种实践,其本质不在于"知"而在于"行"。而所谓的"行",其实就是八个字:实事求是,解决问题。管理学是一门致用之学,应当也必须实现从"面向理论"到"面向问题""面向方法"的观念转型。

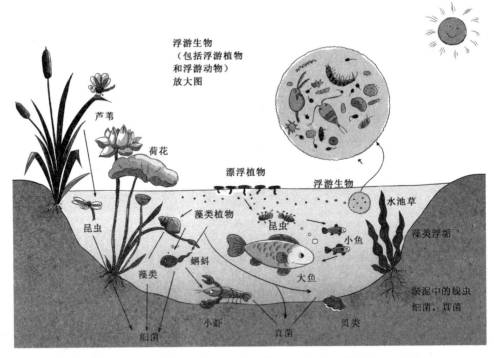

图 0-4 管理学新视野——企业是一个多姿多彩的生态系统

最后需要变革的,是管理学的理念变革。管理的最高境界是什么?是"无为而治",通俗地说,就是"如何不管"。而传统的管理学,颠来倒去讲的都是"如何去管""如何管好",使得管理者"殚精竭虑",不辞辛苦,累得半死，效果却往往不佳，而且离管理者期望的"无为而治"境界渐行渐远。要想让管理变得轻松、从容、洒脱，管理观念上就需要"转一个弯"，从"如何去管"转向"如何不管"。

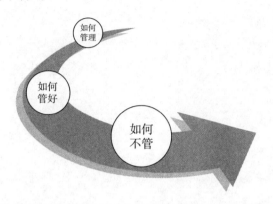

图 0-5　管理学观念转变——从"如何去管"转向"如何不管"

如何实现"无为而治"？是靠管理者的勤奋敬业和拼命努力吗？显然不是，这样做，即使将企业管得再好，也只能叫"有为而治"，而不是"无为而治"。要想达到"无为而治"的最高管理境界，不是靠极端的人为努力，而要靠人为努力之外的东西——精巧、灵动、自运行的制度。

如何用制度实现"无为而治"？或者说，怎样才能设计出"精巧、灵动、自运行的制度"？这是一门科学，一门新的管理科学，一门真正由中国人开创的管理科学——管理制度设计学。

从这里开始，让我们体验不一样的管理学。

Chapter 1

第一章

无为而治
靠精巧制度

制度不是一堆"死的文字",
制度是"活的游戏规则"。

本章概览

"犯人船"的历史故事证明了好的制度可以实现"无为而治"的管理学理想。可什么是制度？在本章中，作者给出了自己的观点——制度是"活的游戏规则"，而制度设计要创设"活的可以自动运行的游戏规则"。道理好讲，实践难为，笔者以通通快递高效发展的历程，介绍了现实中的管理制度设计。通通快递，最初只是一家崛起于阡陌之中的民营企业，可它敢于开制度之先河，依靠"自组织""自激励""自约束""自协同"四大秘诀一举成功。

"制度好可以使坏人无法任意横行，制度不好可以使好人无法充分做好事，甚至会走向反面。"[1]

——邓小平

通过制度，确实能够达到"无为而治"的最高管理境界吗？乍一听上去，似乎是天方夜谭、痴人说梦，然而一段跌宕起伏、惊心动魄的"犯人船"历史却清楚地向我们表明：这是完全可能的。

18世纪80年代，英国政府为了开发新的殖民地——蛮荒的澳洲，决定将监狱里面服刑的囚犯运往澳洲。这样，既解决了英伦三岛监狱人满为患的问题，又给澳洲开发送去丰富的劳动力，可谓是一举两得的高明做法。1788年，第一批犯人被"倾倒"在广袤荒凉的澳洲土地上[2]。

当时的英国，信奉的是"小政府、大市场"，所以，运送犯人的船运工作是交由私人船主承包的，政府按照装船的犯人人数支付运费。但时间一长，人们发现：船主们为了牟取暴利，采用破旧的老式货船，船上的设施简陋不堪，卫生条件和饮食条件极差，导致犯人的死亡率居高不下。一旦船只离开了海岸，船主们按照人头数拿到了政府的钱，对于这些犯人能否远涉重洋活着到达澳洲就不管不顾了。

根据英国历史学家查理·巴特森在《犯人船》一书中所做的记载：1790年到1792年间，私人船主共运送26船犯人到澳洲，4082名犯人，死亡498人，死亡率高达12%；其中一艘名为"海神号"的船尤为恶劣，424个犯人，死了158个，死亡率37%，超过1/3，没死的也大多奄奄一息了。这么高的死亡率，不仅经济上损失巨大，也关系到社会良知的存亡，引来社会舆论的愤怒声讨。许多社会贤达在报纸上严词挞伐，要求彻查无良的船主，要求彻查渎职的官员。

舆情汹汹，政府应当如何解决这一问题呢？

有人提出来，船主们如此凌虐、盘剥犯人，"从蚊子腿上剥肉"，是因为

---

[1] 邓小平文选：第2卷[M]. 北京：人民出版社，1994：333.
[2] 温斯顿·丘吉尔. 英语国家史略[M]. 薛力敏，林林译. 北京：新华出版社，1985：406.

运费不够。提高运费，问题自然就会解决。英国政府觉得很有道理，便立即将运费加倍，但情况并无任何好转。原因说起来很简单，"人心不足蛇吞象"，船主们能多赚一分时绝不少赚一文，正如成语"欲壑难填"所形容的那样，个别人的贪欲太大，很难满足。

无奈之下，英国政府往每一艘船上派遣一名监督官员，外加一名随船医生，同时对犯人在船上的生活标准做了非常详细的硬性规定。然而，犯人的死亡率不但没有降下来，许多监督官员和随船医生竟然也不明不白地死了。事后调查才发现：当这些随船的官员和医生亲眼目睹犯人在船上的悲惨遭遇，但凡有一点点良知，都不禁义愤填膺，准备回国后向政府如实报告，揭露这"黑暗的一幕"，揭露这"人间地狱"。而船主们为了堵他们的嘴，往往以重金相贿赂。那些坚持原则的官员和医生不肯就范，便被污蔑患了传染病，扔到大海里喂鲨鱼，落得个尸骨无存。中国有句老话，"好人有好报，坏人有坏报"，但在扭曲的社会制度下，结果往往是倒过来的：地痞流氓当道，奸商无赖得志；恶有善报，善有恶报；越是坚守良心、坚持正义，死得越快。

英国政府没辙了，就把船主们都召集起来开会，进行"政治学习"和"思想教育"，劝诫他们珍惜生命，不要把金钱看得比人命还重要，要理解运送犯人到澳洲开发是为了大英帝国的国家利益。但这些船主置若罔闻，情况没有丝毫改变，犯人的死亡率仍然居高不下。

读者朋友，如果你是英国枢密院的官员，你有没有好的办法能使更多的犯人活着到达澳洲？

一、好的制度可以实现"无为而治"

"犯人船"的事情，一度让当时的英国政府伤透了脑筋，不知道问题究竟出在哪儿，不知道应当用什么办法去解决。

事情终于出现了转机。

一位英国议员提出来：问题出在制度上，制度有问题，怎么执行都走样，加强监管也没用；应当改变的是付费制度：支付的运费，不能以在英国上船的犯人数来计算，而应以澳洲到岸的犯人数来计算。不管在英国装载了多少犯人，都直到在澳洲下船的时候再清点人数，给付运费。

英国政府恍然大悟。新的"到付制度"实施后，效果立竿见影。船主们主动完善船上的生活设施，主动改善犯人的卫生和饮食条件，主动请医生跟船，尽可能地保证每一个上船的犯人都活着抵达澳洲。因为每死一名犯人就意味着损失一份不菲的收入。犯人在他们的眼里，已经不再是一个个脏兮兮的犯人，而是一尊尊闪闪发光的"金佛"。

1793年1月，三艘船到达澳洲，这是第一次按照到岸犯人数来支付运费的航程，422名犯人，只有1个人死于途中。

同样的船，同样的船主，同样的运费，同样是运送犯人，不同的制度，却带来两种截然相反的结果：原来的"魔鬼"，如今变"天使"。

对于这些唯利是图的船主们，政府的硬性规定、强力监管和道德说教都不灵光；但只是稍稍改变了一下付费制度，一切都迎刃而解了，不用派驻任何的监督官员和医生，政府的政策意图却自动实现了！

这便是好的制度可以实现"无为而治"的历史明证。

历史故事讲完了。现在，我们要追问的是：

这其中的内在机理到底是什么？

能不能将这种内在机理推广到其他的管理制度上去？

能不能使我们的管理制度也具有这样自动自发执行的能力？

二、制度："活的游戏规则"

要回答上面三个问题，首先就得搞明白什么是制度。

什么是制度？十个专家会给出十一种答案。有一个制度的定义，据说是在学术圈里最受追捧的，玩得那叫一个深沉：

"在一人口群体 P 中，当其中的成员在一重复出现的境势 Γ 下，作为当事人常规性的 R 只有在下列条件下成为人口 P 中的共同知识时，它才成为一种制度：（1）每个人都遵同 R；（2）每个人都预计他人会遵同 R；（3）因为 Γ 是一个协调问题,而一致遵同又是Γ中的一种协调均衡,或者在他人遵同R的条件下每个人又乐意遵同它;(4)如果任何一个人偏离了R,人们知道其他人当中的一些或者全部也将会偏离,在反复出现的博弈Γ中采用偏离的策略的得益对于所有当事人来说都要比与R相对应的得益低。"[1]

读者朋友们,您晕了吗?某些学者总喜欢故弄玄虚,故作深沉,好像越是让普通老百姓看不懂,他就越有水平。其实不然,愈接近真理,愈能发现真理的朴实无华。因为世界是从简单到复杂的,透过纷繁芜杂的表象所看到的,往往是事物的简单本质。

什么是制度?最朴素的理解就是,制度是"活的游戏规则"。

请注意,这里用了一个关键词——"活的"。那些写在纸上、挂在墙上的所谓制度,如果不能体现到当事人的具体行动当中去,就是一堆"死的文字",就是废纸一张。制度不等于文字,文字只是制度的表达形式,不能把一堆"死的文字"当作制度。真正的制度,是隐含在人们每天发生着的、鲜活的、生动的行为背后的逻辑。从这个意义上说,那些个不成文的乡规民约、社会习俗、行业惯例,尤其是明文规定背后的"潜规则""暗规则""隐规则",天生就是"活的游戏规则",是真正的制度。

有些企业喜欢搞《管理制度汇编》,而且一搞就是厚厚的一大本,可是效果往往相反,汇编整得越厚,越有可能沦为一堆"死的文字"。因为谁也不可

图1-1 大部头的管理制度汇编,更像是一堆"死的文字"

---

[1] 安德鲁·肖得.社会制度的经济理论[M].陆铭,陈钊译.上海:上海财经大学出版社,2004.

能记住里面的全部规定，记都记不住，怎么可能变成"活的游戏规则"？制度有用，一条足矣；制度没用，一百条也没用。

请注意，这里还用了另一个关键词——游戏规则。许多专家都将制度解释为"行为规范"——上级为了管束下级而单方面制定的行为规范。这种理解其实非常狭隘，有过实际管理经验的人都知道：上级在"管束"下级的同时，下级又何尝不是想方设法对付上级，与上级斗智、斗勇、斗法；因而管理的过程更像是上下级之间的一场博弈、一场游戏。制度就是一种"玩法"，是活生生地存在于上下级之间、这个部门与那个团队之间、这名员工和那名同事之间的"游戏规则"。

既然制度是"活的游戏规则"，那么，制度的制定，就绝不只是写写抄抄那么简单，而是需要深入的调研、科学的分析和精巧的设计。因为制度能否起作用，并不在于其文字是怎么写的，而是取决于各个利益相关方相互博弈、相互依存、相互制约所达成的一种动态平衡。

三、制度设计："大道至简"

案例Ⅰ："二人分饼"

什么是制度设计？最简单的例子——二人分饼。

图1-2　一张饼两个人分，怎么分才最公平？

无为而治

有两个旅人，一路跋山涉水，带的干粮都吃完了，只剩下一张饼。当饥肠辘辘的两个人面对一张饼时，怎么分才最公平？

很多人会想，这还不简单，找个公证人呗。于是，两个旅人找到一位裁缝，请他来分饼。可临到裁缝准备分饼时，旅人又犹豫了，万一裁缝分得不公平怎么办？于是他们请来隔壁的木匠来监督裁缝。可木匠到来后，旅人又犹豫了，万一木匠也不公平怎么办？于是他们又请来隔壁的隔壁的篾匠来监督木匠。可篾匠到来后，裁缝手上的刀无论怎么比划，两个旅人和木匠、篾匠都大呼小叫，认为分得不公平。于是，他们又去请隔壁的隔壁的隔壁的铁匠……

大家觉得好笑吗？可现实当中，这样的黑色幽默每天都在发生。许多企业一谈到加强管理，就是这样不断地加人加岗，以加强监管。先找个监督人，再找个监督人的监督人，然后找个监督人的监督人的监督人……很明显，这是一条死胡同，因为到最后还得要回答：谁来监察"监察部"？谁来督导"督导室"？谁来审计"审计处"？正如大明王朝时，为了监督百官，设立了锦衣卫；为了监督锦衣卫，设立了东厂；为了监督东厂，设立了西厂；为了监督西厂，设立了内厂；可谁又来监督内厂呢？结果，本为加强统治的厂卫制度，恰恰加速了明朝的灭亡。

民营企业相对于国有企业，确实在监管上具有天然的优势，因为老板就是最后的监督人。可问题是：当老板成为最后的监督人，成为整个监督链条上的最后一环时，他也就不得不切实承担起职责，深陷其中，不能自拔，只能"鞠躬尽瘁，死而后已"了。

回到"二人分饼"的故事中。最后众人闹到县官那里，县官听了，哈哈大笑，说："这还不简单，你先切，我先拿，天下太平。"

在这种简单规则中，切饼的人，如果自作聪明，把饼分得一半大一半小，当他发现留给自己的是小的那一块时，只能自个儿扇自个儿的嘴巴子；挑饼的人，如果发现他那半拉夹的是萝卜干，另外的半拉里有鲍鱼海参，恨得直咬牙，嘴上还得自吹是我让你一马。

这就是制度设计，简简单单，解决问题。

案例 Ⅱ："七人分粥"

再举一例：现在有 N（N>2）人分粥，请你设计一个程序，使得他们当中的每一个人都觉得公平……

七个和尚住在一间没有香火的破庙里。为了维持生计，他们自力更生，开荒种地。和尚们早出晚归，每天早上煮上一锅粥，晚上回来再吃，一天只吃一顿，自然谁都想多吃点。他们既没有尺子，也没有量杯，更没有秤，于是便想通过设计制度的办法来解决每天的吃饭问题——如何公平地分食一锅粥？

图 1-3　一锅粥七个人分，怎么分才最公平？

大家发挥聪明才智，试验了很多办法，形成了以下种种规则：

规则 1：选举一名信得过的人负责分粥。但时间一长大家发现，分粥的人自己碗里的粥最多，换一个人也是如此。大家认为这不行，"好人"也变成了"坏人"，于是奋起废除了这一滋生腐化的制度。

规则 2：选举一名品行端正的人主持分粥，再选举一名德高望重的人来监督分粥。起初还比较公平，但到后来，分粥人与监督人从权力制约走向"权力合作"，这两人分到的粥最多，制度再次失败。

规则 3：选举一个四人分粥委员会和一个三人监督委员会，实行大民主。可问题也来了，所有的人都到齐了才能开始分粥，每个人的眼神又各有千秋：甲是桃花眼，看啥都顺眼，咋看都是一样多；乙是斗鸡眼，看啥都不顺眼，咋看就是不一样多；丙是蛤蟆眼，"蛤蟆看绿豆，越看越顺眼"，开始看不一样多，看久了看顺溜了，一样多嘛。一番争吵下来，即使粥偶尔能分成功，也全是凉的，制度效率太低。

规则4：谁也信不过，干脆大家每人一天，轮流坐庄主持分粥，也就是所谓的"机会公平"——承认每个人都有为自己多分的权力，同时又赋予每个人为自己多分的机会。这方法貌似很公平，但第一天就出了漏子，分粥的人将一锅粥全倒进了自己的嘴里，肚皮撑得滚瓜溜圆，其余六人只能眼巴巴地看着流口水。第二天、第三天，轮到机会的人也照此办理。到了第四天就不行了，因为还没有轮到机会的和尚已经躺在地上奄奄一息了，这一制度也行不通。

规则5：学习西方先进的管理经验，譬如联合国安理会五大常任理事国的表决机制，对于分粥，每个人都有一票否决权。这方法看似公平，可最后一施行，大家傻眼了：粥都发霉、发臭了，还是吃不到嘴里。

规则6：参考"二人分饼"的办法，分粥的人最后一个领粥。但由于分粥的人和第一个领粥的人都是固定的，时间一长，两人便私下达成默契：分粥的人先把第一个碗倒得满满的，其余的碗里都只剩下一点点。分完粥后，他私底下去找第一个领粥的人，再去匀回来。

规则7：分粥和领粥都是随机抓阄，且分粥的人最后一个领粥。令人称奇的是，在这一制度下，七只碗里的粥都是一样多，就好像用尺子细细量过的一样。因为每个分粥的人心里都明白，如果碗里的粥有多有少，他确定无疑将享用那份最少的，而且很难找别人匀回来。

以上这七种安排，只有最后一种规则，虽朴实无华却浑然天成，既简洁明了又精巧高效，委实令人惊叹。

什么是科学合理的管理制度？这就是科学合理的管理制度！

因为它符合科学的至上信念——大道至简，返璞归真；因为它达至管理的最高境界——道法自然，无为而治。

"道法自然，无为而治"的管理理念

大道至简，返璞归真；越是真理性的东西，越朴实无华。当我们抓住了事物本质，一个公式即足矣，例如，爱因斯坦只用一个"$E=mc^2$"便揭示了

质能关系；而像"指标评价体系"之类的复杂模型，层层解释，烦琐论证，恰恰说明我们没有把握本质，只能在事物的外围绕圈圈。科学上的"奥卡姆剃刀法则"要求我们直趋事物本质：一个原因就能解释事物，不要用多个；用简单方案就能解决问题，不要用复杂的；否则就是浪费。一句话：把烦琐累赘一刀砍掉，让事情保持简单！

道法自然，无为而治。无为，不是不闻不问，什么也不做；而是不妄为、不乱为，顺应事物自身的运行规律，因势利导，顺势而为。松下电器创始人松下幸之助被誉为日本"经营之神"，他的经营秘诀就是没有秘诀，"我经营的唯一方法是经常顺应自然的法则去做事"。

校园里有一大片草坪，因为位于教学楼和食堂之间，经常有学生抄近路踩踏，于是校方便在草地旁边竖起一块牌子——"严禁穿行"。可正如现实中，"严禁吸烟"的牌子下边全是烟头，"严禁倒垃圾"的标语周围堆满垃圾，"严禁穿行"的效果也好不到哪儿去。校方一看，硬的不行，就来软的，便换上第二块牌子——"芳草有情，脚下留情"，可再温柔的口气也难敌学生们饿到瘪的肚子，踩踏现象仍时有发生。校方一看也不灵，干脆换上第三块牌子——"穿行一次，罚款五十"，再花钱请个老头看着。老头看着的时候，确实没有人敢穿越草坪了；可老虎都有打盹的时候，何况老头，老头也要吃饭睡觉上厕所，只要老头没有守在边上，学生们就像蝗虫一般，飞快地掠过草地。

后来，我同建筑系一位老师聊起这段"牌子风云录"，他笑言道："这有何难？我规划的小区楼群之间从来不铺人行道，而是种上草。等住户们住进来，按照自身生活需要和行为习惯，踩出一条条通道，世界上'本没有路，走的人多了，也就成了路'。这时候，我会叫工人们顺着自然形成的通道铺上水泥。因势利导，顺势而为，既方便了住户，又节约了用地，同时还最大限度地减少了踩踏草坪的可能性。"

读者朋友们，这是不是一种"道法自然，无为而治"的管理思路？

无为而治靠精巧制度。而制度设计，就是要创设"活的可以自动运行的游戏规则"，或者说"精巧、灵动、自运行的游戏规则"。借助当事人的利益追求和利益博弈，将其合力的方向导向预定目标。借风使船，顺水推舟，从而自动自发地实现组织的政策意图和管理目标。

一个优秀的企业管理者,应当是一个优秀的"游戏规则制定者"。没有必要事必躬亲,事事亲力亲为;只需制定好游戏规则,让别人去玩,而玩的结果正是他想要的。

四、通通快递成功的四大秘诀

说到制度的自动运行,有些读者可能还是怀疑:说故事容易,现实中怎么可能呢?我们就用一家由农民建立的民营企业为例来予以说明。

在中国,真正的制度创新高手,不是那些高谈阔论、滔滔不绝的专家学者们,而是那些在社会夹缝中艰难探索生存之道的中国农民,譬如冒死包产到户推动农村土地制度变革的安徽凤阳县小岗村村民,又如创立五瓣公章创新乡村财务监管制度的贵州锦屏县圭叶村村民。即使在企业管理制度创新方面,他们朴素而高超的智慧也让人感慨,例如上海通通快递总公司(应企业要求采用化名)。

中国民营快递业的兴起,某种程度上,正是中国邮政 EMS 自己培育出来的,是邮政垄断下巨大利润空间的必然产物。20 世纪 90 年代初,以农民为主的"快递游击队",不顾当时中国邮政的禁令和围追堵截,杀入"禁区"。发展至今,形成民营快递"三分天下有其二"的格局。

通通快递,就是在这样一种历史背景下顽强成长起来的民营快递企业。大家在日常生活和工作中没少和它打过交道,接受过它的服务。可亲爱的读者朋友,你们想过没有,在数万名快递员匆匆的脚步背后,在数千辆运营车滚滚的车轮背后,又是怎么样的一套管理制度体系,支撑着通通快递的庞大体系高效而有序地运作?

首先,通通快递总公司开全国之先河,率先设立了直属董事会、独立于首席执行官(CEO)之外的首席制度官(Chief Mechanism Officer, CMO),专门负责公司各项制度的规划、制定、实施、维护、监督等工作。为什么这样安排?道理很简单:在国家层面上,立法和执法是截然分开的。但在企业中却往往混在一起,制度的制定者和执行者往往是同一个部门,譬如人事部门既制定考勤制度又负责日常考勤。执行部门自定制度,就有可能"监守自盗",在规定当中给自己留下"方便侧门""利益后门",导致制度还没出生就落下一大堆病根儿,甚至沦为极少数人谋取不当利益的"旁门左道"。最大的腐败,不是有法不依、执法不严,而是制度本身就是发霉的、发臭的。法律并非都是神圣的,制度并非都是公正的。正因如此,通通快递率先设立了直属董事会的首席制度官,负责制定公司的管理制度:凡涉及管理层的制度,报董事会批准;不涉及的,报董事会备案。董事会真正成为公司制度的"立法会"。而笔者作为第一任首席制度官,有幸参与并见证了公司依靠管理制度和制度设计,迅速发展壮大成为行业巨头的传奇过程。

其次,通通快递创造性地将连锁加盟模式引入到快递行业。快递是一个时效性极强、协同性极高的行业,收件、中转、分拨、派件这四大环节紧密衔接,环环相扣,一环接不上,就会掉链子。因而,国际四大快递巨头(DHL、UPS、TNT和FedEx)与中国邮政EMS都是采取"全国一盘棋"的运营模式:广布直营店,中央统一指挥、统一调度。但在列强环伺之下,弱小的民营快递企业再这么玩,逐步设立直营的市县分支机构、慢慢形成覆盖全国的快递网络,市场空间早就没了,所以通通快递坚定不移地走上了能够带来高速发展的连锁加盟之路。

最后,针对传统连锁加盟管理模式的重重弊端,通通快递建立起一套超级简单但却超级有效的新制度体系,打破常人奉为至理的连锁加盟规则,颠覆常人奉为《圣经》的企业管理信条,创造出一套连锁加盟管理的全新玩法——"自组织,自管理";人不管,制度管;自己管,管自己;真正实现了"无为而治""无为大治"。

通通快递成功秘诀I:自组织

连锁加盟的传统套路,无外乎是到社会上找一些有钱的小老板,输出品牌、输出形象、输出产品、输出技术、输出运营、输出管理,然后分级监管、定期巡查,通过向加盟商收取授权费、品牌使用费、保证金以及利润分红等来赚钱。这套老的玩法实际上存在诸多弊端:譬如加盟商与总部之间只有利益纽带,缺乏情感忠诚,可以同富贵,无法共患难,总部发展遇到困难,加盟商立马闪人,跑得比谁都快;譬如加盟商大多并没有行业经验,总部还得输出教材、输出教练,手把手地教，累且不说，效果也不好，运营起来总是在细节上走样。

通通快递则反其道而行之，彻底摒弃掉这种既繁又累的老套路，咋简单咋来，咋省事咋来，重新建立起一整套连锁加盟自组织体系。

谁来加盟？主要是那些已经在通通总部工作过一段时间的员工。从员工变老板，用不着浪费时间教你怎么开店、怎么操作、怎么运营，工作两年看也看会了。不会？不会就别当老板，总部不费那个脑筋去输出教练、输出管理。同时，这样做还有另一个好处：由于员工可以晋升为加盟商，所以他们在总部工作时都拼命努力，"不用扬鞭自奋蹄"，以求两年之后能有一个外放出去做老板的机会。

如何加盟？给你划块地盘，租一个门脸，雇两个人就能开业了，什么都不需要找总部。可要运营，有一样东西不能少——运单！运单是一种印有条码的三联单，每张运单都有唯一编码，一票快件一张单。有单才能进入通通总部物流网络、信息系统，没单就无法流转快件，查询踪迹。总部的事情，就是摆开一溜的柜台向加盟商卖运单，一手卖单，一手收钱。什么品牌费、加盟费、保证金、利润分成……统统都不需要，加盟商只要从总部买运单就行了。一张运单一块钱，印刷成本两毛钱，剩下的就是总部收入。加盟商业务量大，自然买得多，总部用不着费心思去核算分成、结算费用，一切就是这么简单。

正是在这种自组织机制下，数千家加盟分公司如雨后春笋般迅速开遍全国，连点成线，连线成网。通通快递从来不做战略，不做规划，却自下而上、自然而然地形成了第一家覆盖全国的民营快递网络。

通通快递成功秘诀Ⅱ：自激励

依靠自组织，通通快递迅速建立起覆盖全国的连锁网络。接下来，如何管理这个网络呢？答案是不管。总部摒弃一切费事的管理尝试，砍掉一切无效的管理措施。管不了，管不好，就不要管，留出自管理空间，让加盟商自己管好自己。自管理包括自激励、自约束和自协同，首先让我们来看通通快递的自激励。

寄过快递的人都知道，寄件时付款，收件时一般不用再给钱。但对连锁加盟快递企业来说，甲地的分公司收件，收件的同时收钱；乙地的分公司派件，不但分文未得，还要满城去找收件人，所付出的人力和物力要更多。甲地吃肉，也得让乙地喝汤呀。站在公平的角度，乙地的分公司理应获得劳动补偿，甲地应当向乙地支付"派送费"。

可问题是：要公平补偿，就要精确统计，而这种统计量将会随着网点数的增加呈几何级数增长。两家分公司之间结算，一天只需两次，三家分公司之间两两结算，需要六次……数千家分公司呢？天文数字！所以，包括中国邮政EMS在内的许多快递企业，都有一个庞大的中央结算体系和成千上万的统计、结算人员。

通通快递没打算养这么多的人，那咋办？简单，不结算呗！甲地有件到乙地，乙地同样有件到甲地，那干脆派送费互免。你不给我钱，我不给你钱，互相抵消拉倒。可是，甲、乙两地发件量不同，譬如甲地发乙地两百件，乙地才发甲地一百件，费用互免，对乙地是不是不公平？对，就是不公平！你把公平正义供在神龛，顶礼膜拜，也不解决问题呀。乙地要想公平，只有一个办法，收三百件发到甲地去。吃亏一方要想改变不利局面，只能疯狂开拓本地市场，多收件，才能让对方多派件，才能占对方"便宜"而不被对方占"便宜"。这便是一种自激励机制，正是在这一机制下，通通快递的业务量，每年都是三五倍地往上翻。

而且互免机制还带来一个意想不到的好处：既然没有财务结算，也就没有任何手脚可做。诸如什么账务处理、信用管理、资金调度、风险控制、审计监察等，这些先进而烦琐的管理手段，统统不需要。

通通快递成功秘诀Ⅲ：自约束

加盟通通快递，就是给你一块地盘，让你占山为王，由你耕耘开发，垄断一方市场，独享一份收益。那是否在自己的地盘上就可以乱来了，甚至超越总部底线，损害整个快递网络的利益？譬如通通总部规定了八条禁令：不能扣兄弟公司的件，不能帮竞争对手转运件……如果有加盟分公司见利忘义，违反了上述规定，触碰了"高压线"，怎么办？总部需要设立专职部门负责查处吗？不设！那到底谁来查处呢？

说一个例子，读者朋友就明白了。笔者任首席制度官期间，有一天凌晨两点被一阵急促的电话铃惊醒。接通电话，对方是在总部工作多年的一名老员工，电话里激动得语无伦次："我安插在某地分公司的卧底，终于拍到他们帮竞争对手转运快件的照片了。铁证如山，某地分公司老板可以滚蛋了。按照规定，我就有优先资格去当新老板了。这可是我盯了两年的肥肉，为了这块肥肉，我往那儿安插了三个卧底……"

好了，在这种情形下，各个加盟分公司的老板还有多大胆量敢去违反八条禁令？因为有上千名通通总部的员工，瞪着狼一样的眼睛，等着你出错，等着你出局，等着接手你的地盘，等着成为新的老板。在这种威慑下，谁都会自觉遵守八条禁令，这便是一种自约束机制。

曾经有一段时间，通通快递出现了大量的"三损"（丢失、破损、污损），客户恶评如潮。总部通过调查发现，绝大部分的丢失都发生在收件分公司和派件分公司这两个环节。虽然规定了丢一件赔一千，但各家分公司都已经财大气粗了，几千甚至几万块钱都不放在眼里；甚至于丢了件，也是对客户推三阻四，拖到最后不赔。怎么解决？

说起来非常简单，一条规定而已："先行赔付，累犯累罚，热烈欢迎各家分公司多丢件，你不丢件，总部不发财！"客户只要投诉到总部并提交证据，总部先赔，赔完了再找涉事分公司算账：以一个月作为计算周期，累犯累罚，当月丢第一件，总部罚一千，赔给客户，不赔不赚；当月丢第二件，总部罚两千，还多赚了一千，第三件罚三千，第四件罚四千，依此类推；换言之，一件罚一千，两件罚三千，三件罚六千，四件罚一万……分公司规模越大，业务量越多，赚的钱越多，被重罚的机会也就越高。擒贼先擒王，杀猴以儆鸡。

然后，总部把各地分公司老板都找来，问他们：快件丢失问题，你到底抓不抓？不抓，该建的安全设施不建，该上的监控系统不上，该装的GPS追踪系统不装，该增加的安保人手不加。丢的越多，罚的更多，罚金将远远超过安保所需投入。哪样合算，你自己看着办吧！而且罚上来的钱，10%是给总部受理投诉的客服人员发奖金的。她们巴不得你对客户投诉置之不理，这样就有更多的投诉受理机会以获得更多的奖金。她们只是盯着自己的奖金，却在无意中给客户充当起了"守护神"。原来对付的是客户，现在对付的是你，你自己看着办吧！

很显然，这样的制度安排，本意上还是逼迫加盟分公司自行解决问题，但同时也给客户救济提供了最后一根稻草。

规定推行后，快件丢失率和客户投诉率一夜之间大幅下降。不过很快有人举报到总部，说有分公司与丢件客户私底下交易：当月丢了第六件，一件就要罚六千，但分公司会花三千收买搞定客户，让客户不再投诉到总部。读者朋友，你认为应当如何处理这一问题呢？

通通快递成功秘诀Ⅳ：自协同

快递是一个需要高度协同、密切配合的行业，收件、中转、分拨、派件四大业务环节承前启后，严丝合缝，才能够保证快件准确及时地送达客户。所以，在许多快递企业中，中转和分拨这两个环节都是由总部直接掌控的，统一指挥、统一调度、统一核算、统一监督，自然也就需要一大堆的管理人员、调度人员、核算人员、监督人员。

通通快递的上百个中转站，一开始也是由总部直接管控，最初建在国道旁边，后来逐步转移到高速公路旁边。中转站经理由总部任命，再由他呼朋唤友，拉起一支队伍。总部原本指望中转站收取超重费来养活自己，结果事与愿违：超重费一分钱没见着，每月还得对中转站进行烦琐的业绩考核，倒贴钱给中转站发工资、发奖金，不胜其烦。

由于各地分公司都被中转站卡着脖子，快件只能通过所在区域的中转站才能转运出去，所以各个分公司老板不得不想方设法和中转站经理搞好关系，吃吃饭、洗洗澡、送送红包更是家常便饭。

终于，有一家分公司老板被勒索得忍无可忍，举报到总部。于是笔者轻车简从到该中转站去暗访，结果看到令人瞠目的一幕：中转站经理光着膀子，穿着大裤衩，趿拉双拖鞋，躺在摇摇椅上，后面一溜站着的是各个分公司老板，西装革履，毕恭毕敬地在那儿侍候着。

笔者突然现身后，中转站经理见总部领导来了，吓得赶紧跳起来，因为动作过大，用力过猛，大裤衩口袋崩开了，百元大钞散落一地。见此情形，中转站经理更是两腿发软，面如土色，汗直往下流。笔者本来怒不可遏，准备当场宣布，将他就地免职。但突然间冷静下来，拍拍他的肩膀，安慰道："别担心，我既不撤你的职，也不处分你。"中转站经理以为自己听错了，愣在那儿，不敢相信自己的耳朵。笔者继续说道："原因也很简单，如果我在你这个位置上，只会比你收得更多，贪得更狠。再说你都已经养胖了，把你撤了，换一个瘦的上来，只会捞得更多，搂得更狠。这是制度出了问题，换人是没有用的。"

回到总部后，笔者出台了两条规定：一是将原来国道边的中转站恢复起来，这样两个大城市之间至少有两个中转站；二是中转站实行承包，靠超重费养活自己，超重费的标准由中转站与分公司自行协商，总部不再给中转站发工资、奖金，也不搞什么又烦又累的绩效考核了。

两个月后，笔者又转到那家中转站，又见到了那位中转站经理。他哭丧着脸汇报道："原来我是大爷，分公司是孙子，月月给我孝敬；现在倒过来了，分公司成了客户，我成了孙子，价格不好、服务不周，他们说翻脸就翻脸，立马把业务转给另外一家中转站。为了消除他们以往的怨气，我还不得不把原来收的钱都退了回去，这样，我和我这几百号弟兄才有活干，才有饭吃，更别想收什么红包了……"

中转站承包出去后，原来根本不见影的超重费竟然都"现形"了，而且收取标准比总部原来规定的还低，但中转站养活自己绰绰有余。在新的机制下，流程衔接是通过双方交易来完成的，中转站会竭尽所能地提供优质服务，因为分公司就是他的衣食父母。两个环节紧密协作、有序组合在一起的内在逻辑，不是因为计划的安排，而是源于市场的撮合，总部自然也不需要养一大堆的监管者了，这便是自协同机制。

以上自组织、自激励、自约束、自协同的制度设计，大多来源于通通快递在激烈的市场竞争中的本能应对，出自于农民企业家对管理的朴素认识。或许正是因为没有接受过系统的、高深的管理培训，或许正是因为一开始就没有章法指导，通通快递反而形成了全新的制度管理套路。

这套超级简单但却超级有效的管理制度体系，将通通快递的老板从烦琐苦累的企业管理中解脱出来，无须劳心劳力，无须兢兢业业，企业照样高效有序地运转，在不经意间就发展成为中国民营快递巨头，轻轻松松实现了"无为而治""无为大治"。

Chapter 2

第二章

企业管理制度的通病

制度不是刻板的规则、僵化的教条,人是活的,制度也是活的。

本章概览

企业管理制度有"五种通病",管理者对制度通常有"四种误解",这些都成了制定"精巧、灵动、自运行的制度"的障碍。究其根源,是人们在认识上有一个误区——"人是活的,制度是死的";但在管理制度设计中,"人是活的,制度也是活的"。在刻板、僵化的制度中,建立起能让制度随机应变的机制,使之动态化、活化,就形成了制度设计的第一种简便办法——"活化"。在本章中,笔者帮助昇晟公司走出"五种通病""四种误解"的阴影,建立起轻巧灵活的绩效考核制度、基本工资制度、股权激励制度,使昇晟公司在市场的惊涛骇浪中保持了稳健的发展。

"凡是存在的，都是合理的，但只有合理的，才会长期存在。"

——王笑菲（中旭教育集团总裁）

看完通通快递制度设计的神奇案例，读者您肯定"心有戚戚焉"：怎么样才能像通通快递那样，制定出"精巧、灵动、自运行的制度"，轻松、从容、洒脱地管好企业，达到"无为而治"的管理境界？

深圳市昇晟通讯设备公司（应企业要求采用化名）的陈总，也是带着这样一个问题来向笔者请教的。笔者沉思半晌，然后告诉他："要想做到这一点，其实并不难。但首先要做的，是沉下心来进行痛苦的对比和反思，即与通通快递相比，自己公司的管理制度都有哪些问题？自己对制度的认识都存在哪些误区？弄清楚原有制度的问题都出在哪儿，才能知道下一步如何着手去制定新的精巧、灵动、自运行的制度。"

一、管理制度的那些"病"

企业在管理制度方面的问题，形形色色，不一而足。其中对企业贻害较大的，恰恰是那些人们传承多年、自以为正确的做法。为了让昇晟公司的陈总尽快理解这一点，笔者特意选出五种有代表性的"病症"，请他"对号入座"，逐项给自己企业"把把脉"，看看公司现行的管理制度都患上了哪些"常见病"。

常见病I：制度范本病——网上扒下来的制度

许多企业订立制度的过程往往是这样的：总经理很郑重地将任务下达给某部门经理，部门经理又交代给某下属文员，一个文员又能做什么呢？于是到互联网上搜索"管理制度范本"并下载一个差不多的，改一改，便成了自家企业的制度。因为抄自于范本，也不存在什么明显的差错，经公司领导审核批准后，便在企业里颁布施行。

昇晟公司的考勤制度就是这么来的。笔者随手翻了翻陈总带过来的公司制度文本，便发现了问题，因为里面竟赫然写着这样一段话："作为通达公司一员，应努力做到不迟到、不早退、不旷工、不怠工。"笔者遂向陈总打趣道："这是怎么回事呀？昇晟公司的考勤制度中，竟然出现了通达公司的名字。不知内情的人，还以为昇晟公司被通达公司兼并了。"陈总尴尬地咧了咧嘴，想找些说辞，却张不开口。

紧接着，笔者又看到了这样一条规定："员工无故迟到10分钟，罚款10元；迟到20分钟，罚款20元；迟到30分钟，算旷工半日。"我便笑问陈总："如果您是一名员工，偶尔迟到超过了30分钟，会怎么做呢？"陈总也笑了："索性回家洗洗睡呗。"笔者道："到头来吃亏的还是公司。这样一条明显脑残的规定，怎么会出现在贵公司的考勤制度当中呢？"陈总叹了口气道："唉，都是抄袭惹的祸。天下文章一大抄，天下制度一大抄，抄来抄去，最后都不知道问题出在哪儿。"

一个企业，管理制度如此应付了事，制定基本靠抄，宣贯基本靠读，执行基本靠吼。所谓"重视制度建设"，只能是一句空话。

至于那些廉价兜售的《管理制度范本》，与其说是"制度"，不如说是一堆"死的文字"。企业是"活的社会生态系统"，制度是"活的游戏规则"。管理制度能不能在企业中发挥鲜活作用，产生生动效果，并不在于文字是怎么写的，而在于"活的制度"与"活的企业"能否水乳交融、相得益彰。世界上没有两片完全一样的树叶，也没有两家完全一样的企业。因而，将别的企业中那些行之有效的规定引入到自己的企业里，就有可能水土不服长痘痘，上吐下泻拉肚子。适用于海洋生态系统的规则，是不能简单地套用于湖泊的。

到什么山唱什么歌，有什么地种什么庄稼。制定企业管理制度，也须从企业实际出发，量体裁衣，量身定做，给企业选择甚至创造出适合它自己的管理模式和管理制度。没有什么最好的制度，适合自己的就是最好的。如果不看对象，不做调研，就抱着这套《制度范本》、那本《制度大全》到处复制，生搬硬套，这样的做法，和当年的王明有什么区别？而王明的本本主义就像祸水，流到哪儿，祸害到哪儿。

常见病Ⅱ：制度分裂症——抽自己嘴巴的制度

不少企业管理者都在大会小会上提出，企业制度建设是一项系统工程。但说归说，做归做，国内真正采用系统工程思维和方法去制定管理制度的企业，可谓是少之又少。先天不足，后天自然失调，许多企业的制度都缺乏系统协调性：要么床上叠床、屋上架屋，重复累赘；要么七穿八洞、八花九裂，破绽百出；甚至精神分裂、自相掐架。

不过，说到制度的自相顶牛问题，昇晟公司的陈总颇不以为然，自信满满地夸耀道："我们企业的制度，每一条、每一款，都是经过我认真审核的，前后抵触、自相矛盾的情况是不可能发生的。"

"是吗？"笔者微微一笑，随手翻开陈总带来的《员工手册》，只见总则中写道："公司理念：以人为本，员工至上"，看了让人顿时心生暖意。可再往下看分项细则时，满篇满眼都是"严禁""不许""违者严惩""违者重罚""违者解除劳动关系"，端的是让人胆战心惊、汗不敢出。于是笔者便指着这些规定问："这是'以人为本，员工至上'吗？这是不是一种自相矛盾？您是否想在公司里营造一种口是心非、言不由衷的文化氛围？"陈总面露窘色："不是，谁也不希望自己的企业是说一套做一套。"笔者正色道："可您挂在墙上的制度，每天都在起着这样的负面示范作用，每天都在散发着负能量。"

笔者再翻开一页，又见到一条严厉规定："不许调戏女同事……构成犯罪的，依法追究其刑事责任。"便追问道："构成犯罪的，构成什么罪？"陈总讪讪答道："流氓罪呗。"笔者笑道："流氓罪在国家刑法中早已被取消，这条规定纯属唬人。如果员工问起来，您将如何回答？"陈总喟叹道："唉，看来要避免制度自相矛盾，还真不容易。"

企业里的任何制度规定，都不是孤立存在的，都会和其他的规定乃至习俗、惯例等相互联系、相互依存，形成一个完整的"制度群"。制度群中，每一项制度既受其他制度制约，又影响着其他制度。因此，管理制度能否发挥预期作用，不仅取决于自身，也取决于其他制度。即便是最基本的考勤制度，也要与加班制度、休假制度、奖惩制度、薪酬制度等相互配合，相互协调，任何一个环节的忽视，都有可能使其他方面的努力付之东流。

常见病Ⅲ：制度唠叨症——废话一箩筐的制度

笔者在陈总带来的文件中，还看到一本《公司内部管理细则》：

第一条　为了加强管理，促进公司发展壮大，提高经济效益，现根据国家有关法律、法规及公司章程的规定，制定本管理细则。

第二条　本管理细则适用于公司全体员工，包括试用期人员。

第三条　公司全体员工必须遵守公司章程、制度及各项法律。

第四条　公司财产属全体股东所有。禁止任何人利用任何手段，盗窃、侵占或破坏公司的财产。

第五条　公司禁止任何所属机构、个人损害公司的形象、声誉。

……

第十条　公司提倡厉行节约，反对铺张浪费。

第十一条　公司倡导员工团结互助，同舟共济，发扬集体合作和集体创造精神。

……

从头看到尾，总共108条，数字还挺吉祥。

看完后，笔者不禁哑然失笑。陈总惴惴不安地问："有问题吗？"笔者忍笑答道："没问题。您看看，哪一条说错了？哪一条都没错！哪一条有用？哪一条也没用！一堆永远正确的废话！这种套话、空话、废话满天飞的制度，您制定出来干吗？闲得发慌，找点事干干？"

制度没有用，不如不设；空话少说，套话少写；力戒烦琐累赘，力求简明扼要；一句话能阐述的，不要用两句话；只需一两条规定，那就只规定一两条好了，没必要穿鞋戴帽，非弄个108条出来。

再者，像"不得盗窃公物"之类的规定写进企业的制度中，纯属多余。因为这是社会基本常识，地球人都知道，同时也是国家法律的管辖范畴，企业用不着鹦鹉学舌，再复述一遍。

陈总有些不服气，辩解道："就算是废话，说一点也无妨，至少可以砥砺员工，弘扬正气。"笔者解释道："您有所不知，所有的制度都是有成本的，规定越多，成本越高，细细算下来，可能超乎想象。"

常见病 Ⅳ：制度败家病——不会过日子的制度

接下来，笔者讲述一段发生在北京市某建筑设计院的逸事。

有一家建筑设计院，平日里也有一套简单易行的保密规则：外有大铁门，内设保密室，由看门老头保管着钥匙。谁想借阅设计图纸，就按照规定，去找看门老头一起到保密室做个登记，然后再借走资料。

平安无事好几年。可某天有份图纸找不着了，尽管图纸本身并不重要，但领导知道后非常生气，认为这是"给安全工作敲响了警钟"。于是，全院安全工作动员大会召开了，看门老头被辞退了，"雄赳赳、气昂昂"的保安被请来了，大门换成了具有自动识别功能的保安门，每个员工都带上了有芯片的胸卡，保密室也装上了虹膜识别安全门。几项"制度"及配套措施实施下来，单位掏了五十多万。

问题是事情还没完！那个高科技的保安门安装后不大灵光，反复维修又花去了十几万。保安的脾气大，打伤来访的客人又让单位赔了十多万，领导开始后悔了。更难堪的是，某天某位员工忘了戴胸卡，敲门吧，值班的保安玩游戏没听见，员工只好干等着。百无聊赖之际，员工就在那儿抠门，抠着抠着竟然将高科技的保安门给抠开了。这下领导面子丢大发了，耗资不菲的保安门竟如此不管用，重金聘请的保安员竟如此看大门。随即，领导班子又是一番开会讨论，集体研究后做出决定：拆掉保安门，装回大铁门，辞掉保安，请回原来的看门老头。

一番折腾、折腾一番之后，设计院终于恢复了平静。在安全保卫方面发挥作用的，仍然是传达室的老头、大铁门、大铁锁以及原来的保密规则。制度虽然回到了原地，可是，那已经花出去的七十多万，却成了一项永远也不会产生收益的成本[1]。

这个例子告诉我们：任何制度都是有成本的，亦即"制度成本"，既包括物质耗费，譬如与考勤制度配套的打卡机；也包括精力耗费，譬如制度的讨论修订；还包括时间耗费，譬如制度的学习领会；以及设置监督部门或岗位产生的组织成本，制度变革造成的心理不安；等等。

---

[1] 卢周来. 关于制度成本的一则小故事[EB/OL]. http://luzhoulai.i.sohu.com/blog/view/110855297.htm, 2009-2-3/2010-10-10.

制度要见实效，必然要投入各种资源。因此，制度的成本绝不能简单理解为几张纸，而是来自方方面面，涵盖形形色色的事物。事实上，从制度的酝酿、制定、出台，到制度的运行、维护、废止，在整个制度的生命周期当中，成本每天都在发生。经年累月下来，各项直接的、间接的花费，杂七杂八加在一起，一点儿也不便宜！

有一些"制度狂"，对制度成本一点概念都没有，一点点小事，也动辄出台一整套的制度去规范。制度越定越多，背负的成本也越来越高，真不知道是在开企业，还是在开"立法院"。

常见病 V：制度偏瘫症——不可能执行的制度

最后，笔者通过两个管理实验，向陈总简略说明了制度的第五种通病：制度偏瘫症——不可能执行的制度。

笔者在某市挂职时，当地正好有一个城市广场落成并投入使用，成为展示城市形象的一张"名片"。但时隔不久，广场管委会就发现，随地吐痰现象很多，搞得广场很不雅观，于是拟订了三种处罚方案：

（1）按照当地火车站的处罚标准，吐一口痰罚款 5 元；

（2）按照当地飞机场的处罚标准，吐一口痰罚款 50 元；

（3）学习香港、新加坡的先进管理经验，吐一口痰重罚 500 元。

由于班子讨论时意见分歧很大，管委会主任便拿着方案来请示，但笔者的回复是"不知道"！主任一愣："您是专家，怎么会不知道？"笔者解释道："我又不是胡半仙、贾大师，怎么会事先知道哪个方案效果好，哪个方案效果不好？这事不能想当然。不过我可以给你一个建议：广场周边有三条步行街，你可以协调城管进驻，在三条街道上分别按三种处罚标准试行两周，再比较哪个方案的效果更好一些。"

试行两周后，结果出来了，出乎大家的意料，第二种方案——罚款 50 元的效果最好。

罚款 5 元不足以吓阻吐痰。倒不是因为 5 块钱少，而是因为国人吐痰的水平世界一流，风驰电掣，眨眼就没影了。不抓现行不认账，逮个正着又很难，十次中能逮住一次就不错了，概率不到十分之一。而"制度威慑效果 =

惩戒力度×抓获概率",这样算下来,每次违法成本其实只有五元钱。所以有些人觉得吐了就吐了,没什么大不了。

罚款500元反而加剧了吐痰。据回来的城管队员报告,他们猫在墙角里,当看到有人张口准备吐痰时,便以百米冲刺的速度冲上去,正好抓个现行,剩下的事就是开罚单了。对方明白过来后,也不辩解,而是耐心地等到罚单开完后,又是一口痰吐在地上。然后两手一摆,嘿嘿一笑:"没钱,你能怎么着?把我抓进拘留所里,没那本事吧?哇咔,再吐一口,嘿嘿,逗你玩!"

经此一遭,这座城市的管理者们,再也不在大会小会上,盲目地大谈特谈什么学习香港、新加坡的国际先进管理经验了。

事实上,制度中往往都存在着一些大大小小的"数字",譬如说罚款的金额、提成的系数、请假的时间等,这些"数字"有个专门的名称——制度控制参量。制度控制参量可不是随随便便赋值的,不能靠感觉、凭经验、拍脑门,而是需要严谨而细致的科学计算;否则失之毫厘,谬以千里,播下的是龙种,收获的是跳蚤。由于控制参量决定着嵌入制度当中的"内在机制"怎样触发、何时触发,因而相当于"内在机制"的控制阀。如果制度的控制参量和内在机制设置不科学,即便强力推行,过程肯定别别扭扭,结果可能事与愿违。

我们再来看另一项"男女公用电话亭"的管理实验。

有一个管理学者,在德国、美国和中国各选了一个公用电话亭,在电话亭的两边分别标上"男、女"二字。德国人见到后,很自然地男女分开使用,即使在一边排队一边空置的情况下,也绝不去违例;美国人见到后也会照办,但在一边排队一边空置的情况下,则会灵活变通;而在中国,几乎所有人都视若无睹,"男、女"二字如同虚设!

某些学者因此大发感慨:啧啧,国人素质如此低下,对规章制度如此漠视,缺乏敬畏之心,怪不得中国企业管理水平如此落后了[1]。

---

[1] 范庆桦. 中国文化的十一大反思[DB/OL]. http://fqh3a.vip.bokee.com/, 2006-06-14/2007-06-14.

且慢！让我们继续做两个"头脑实验"，继续合理地推想一下：假若在繁华街区的两个垃圾桶上分别贴上"男、女"二字，德国人、美国人还会遵章守法、循规蹈矩吗？假若在公共卫生间的两边门楣上分别标注"男、女"二字，中国人还会视而不见、我行我素吗？

"男女公用电话亭"的规定中国人不遵守，"男女厕所"的规定中国人会自觉遵守，为什么？不是中国人素质低，而是中国人对制度合理性的要求更高，碰到那些"神经短路"的规定当然置之不理了。

对这一故事的反向诠释恰恰说明，由于文化背景差异，欧美人和中国人对"坏制度"的容忍底限和应对方式是完全不同的。事实上，顺着历史的脉络向前捋，不难发现，古希腊哲学家苏格拉底强调的是"恶法亦法"，古中国哲学家墨子宣扬的是"法不仁不可以为法"。

因而在中国，比制度更高的是仁义道德，是天理人情。一项制度出台，国人首先自己做裁判，判断制度是"好"是"坏"，然后再说执行不执行。如果制度"不仁义"，国人就会抵制，只是方式很特别——"钻空子""找漏洞""打擦边球"，"上有政策，下有对策"，用太极功夫将制度的威力化解于无形。所以在中国，制度的制定需要更高的水平，一项制度如果为众人藐视，执行不下去，需要面壁思过的恰恰是制度的制定者：为什么不能制定出"精巧、灵动、自运行"的制度？为什么不能制定出让人们愿意遵守、乐于遵守的制度呢？

这正是中国独特的制度伦理、制度文化，脱离了这个国情，那些所谓"放之四海而皆准"的普世制度，到了中国，往往会"皆不准"。而制度的伦理、文化、习俗等与各项制度一起的总和，即"体制"。

听到这里，陈总若有所悟："管理制度设计的核心要义，说到底，可以概括为六个字：利益、机制、体制。"

笔者回应道："没错，管理制度设计的主旨，是要设计出'可以自动运行的制度'，而制度能否自动运行，最简单的判断标准就是：是否尊重了'利益'？是否遵从了'机制'？是否遵循了'体制'？"

利益，到今天为止仍然是人类社会发展最本源的驱动力，"人们奋斗所争取的一切，都同他们的利益有关"[1]。制度一旦脱离开利益，被羞辱的一定是制度。即便是基本的考勤制度，也要与奖罚、利益挂钩，否则写入再多神圣口号，植入再多普世高调，也会如兔子尾巴——长不了。当然，利益追求，不能狭隘局限于经济利益，而是包含情感追求、精神追求、知识追求等在内的广义范畴，因而是一个多元化、多层次的目标集合。利益是制度设计所必须构筑的物质基础。

机制，是企业能"活下来"且能"活下去"的内在机理，是企业发展和运动变化的自身规律。机制是客观的、必然的东西，不管人们知道不知道、承认不承认、喜欢不喜欢，总是以其铁的必然性在背后起作用，只要条件满足，就会产生"必然的动作"。人们可以认识它、发现它、利用它，将其作用机理引入到管理活动中，却不能创造它、修改它、废除它，机制是制度设计所必须把握的客观规律。

体制，简单地说，就是具有内在联系的各种制度的总和，既包括各种正式制度，譬如法律法规、规章条例；也包括各种非正式制度，譬如习俗惯例、伦理道德、大众化行为方式；还包括各种制度环境，譬如历史渊源、文化观念、风土人情；彼此间相互兼容、相互补充、相互协调，共同融合成一个有机整体。制度和体制都可以人为设定，但变制度易，变体制难，体制是制度设计所必须考虑的宏观环境。

利益、机制、体制，少考虑哪一样，制度都做不到"自运行"。

二、管理制度的那些"误"

两个管理实验讲完了，陈总若有所思道："大家习惯的说法儿，是建立健全完善的制度，是建设标准规范的制度，是制定普遍适用的制度，是订立公平合理的制度。但我听你讲了半天，好像一句话都没提到，似乎你创立的管理制度设计学并不怎么赞同这些说法？"

---

[1] 马克思恩格斯全集：第3卷[M]. 北京：人民出版社，1971：82.

笔者解释道："'可以自动执行'才是管理制度设计的中心任务，健全、规范、普适、公平等因素当然要考虑，但都是围绕中心任务展开的，以确保'自动运行'的可靠性、稳定性和持续性。如果片面强调这些因素，就有可能在制度设计中迷失真正的方向，稍不注意，还会被带到沟里去。所以，这些泛泛而谈的笼统说辞，要具体辨析。"

误解 I：健全完善的管理制度

在传统的思维模式中，制度出现问题，就一定有漏洞；制度有漏洞，就一定会有人钻空子；有人钻空子，就一定要去堵漏洞。正是抱着这套逻辑，一些政策建议报告到末了都会轻飘飘地来那么一句："要完善和健全××制度"。但也正是在这种思维的误导下，许多的制度制定者，总是一味地在制度完备上下功夫，一味地在细枝末节上做文章，幻想制定出尽善尽美、无懈可击的完美制度，结果反而陷入一个怪圈：制度规定越全，防线拉得越长，出现的漏洞就越多；"打补丁"吧，接下来又要"给补丁打补丁"，缝隙更多，漏洞更多。国内许多法律即是如此，为求周详和完备，不断地出台"司法解释"和"补充规定"，然后再"给司法解释作司法解释""给补充规定做补充规定"，最后不得不推倒重来，而且重来还是这番景象。

世界上根本不存在完美无缺的制度，任何制度都是有漏洞的。但有漏洞不可怕，因为人们遵不遵守制度，其核心要义并不在于制度多么完美，而在于遵守制度和违反制度的利益比较。如果遵守制度的收益大于违反制度的所得，人们自然会以遵守制度为念，即使制度有再多的罅隙、裂缝、漏洞，也不愿意钻了；反之，如果违规所得大于遵纪收益，即使制度再健全，时间一长，也会被"拱"得千疮百孔。所以那些"扎高、扎紧、扎密制度的篱笆"之类的宏论，虽然听上去很好很强大，但其实只是一种"治标不治本"的表面功夫。

一条车水马龙的道路边，有片葡萄园，枝上挂着垂涎欲滴的葡萄，虽然篱笆扎得很高、很紧、很密，但时间长了，仍被钻得大洞小洞的。而离葡萄园不远，有一个烂泥塘，没建篱笆，只是拉了一圈草绳，但从来没有人去钻。所以，重要的不是篱笆，而是篱笆后面是什么。

误解Ⅱ：标准规范的管理制度

昇晟公司下面有两个分厂，产品、规模、生产条件等都大致相仿，陈总的疑问是："一分厂的管理制度，能不能直接复制到二分厂？"笔者道："一分厂的员工，能同时在二分厂上班吗？员工群体不同，利益诉求不同，行为习惯不同，人际关系也是鲜活的、各具特点的，怎么可以简单复制呢？制度如衣，量体裁衣，有些衣服别人可以穿，有些不能；有些制度可以被复制，有些不能。"陈总听了，深以为然。

许多企业管理者的思维，仍然停留在工业化流水线大生产时代，将标准化的生产方式移植到管理中，将所谓的"国际通行管理标准"当作规范，试图用一种管理模式一统天下。许多企业被迫削足适履、邯郸学步，疼且不说，连日常走路都不会了，好心办坏事，适得其反。曾经风行一时的 ISO 9000 质量管理标准体系，口口声声反对形式主义，但在多数企业的实践中都沦为"穷折腾"的形式主义，甚至是花点钱就能搞定的玩意儿。这种前车之鉴，难道还不值得我们警醒吗？

池塘里游过一群小鸭子，活泼可爱。三个管理标准化专家见了，喜欢得不得了，经过一番讨论，最后一致决定，鸭子的模样就是标准。随后，专家们看到了一群小鸡，因其长得不太像鸭子，所以很生气，批评道："鸭子的模样才是标准的，你们不符合规范，要尽快改正。"话音刚落，又见到池塘边的泥土里露出一个肉乎乎的肉灵芝，专家们很气愤，痛斥道："你这太岁，动物不是动物，植物不是植物，完全违背我们制定的标准，跨界作乱，大逆不道，回去按标准重新生长。"自然界的物种千奇百怪，绚丽多彩；社会中的企业千姿百态，生机勃勃；可企业管理标准却要求企业都按一个模型长，制度都按一个模板来，这难道不是一种自残活力、自毁生机的奇怪做法吗？

误解Ⅲ：普遍适用的管理制度

制度的普遍适用，包括时间上的普遍适用——亘古不变的制度，空间上的普遍适用——放之四海而皆准的制度，和管理对象上的普遍适用——包打天下的制度。问题是：这样的管理制度，世上有吗？

世界上有没有一劳永逸、亘古不变的管理制度？回答是：没有！制度调整的对象，是企业内部鲜活的关系，关系发展到哪里，制度便大体跟进到哪里。世界上唯一不变的是变，各种关系每天都在发生着微小的起伏变化，日积月累，积少成多，聚波成澜。因而管理制度也要与时俱进，适时进行立、改、废，这一过程循环往复，以至无穷。

世界上有没有放之四海而皆准的管理制度？回答是：没有！制度不是上帝事先为人类准备好的社会契约、格式合同，而是根植于一定的社会土壤和特定的社会人群，随国情企情、本地文化、组织目标、管理者和被管理者变化而变化，因时、因地、因人而异，各具特色，各具风采。从这一时间、这一地点、这一环境、这一组织提取出来的管理制度，不一定适用于那一时间、那一地点、那一环境、那一组织。管理制度只能从当时当地的企业实际出发，量体裁衣，量身定做。

管理制度能不能包治百病、包打天下？回答是：不能！制度不是万能的，也覆盖不了管理的全部，管天管地，管不了别人睡觉打呼噜。管理制度针对的对象和作用的范围都是有限的，正如公司可以明令禁止内部员工之间谈恋爱，却无法阻止青年男女之间出现爱慕之情。因此，制度管理方式不是唯一的，要给其他管理方式留出空白，留出余地，有的地方用"法治"，有的地方用"人治"。一些初创的小企业，希望一开始就搭好规范的架子，建立起完善的制度，其实完全没有必要，在这个阶段，解决管理问题，"人治"比"法治"更高效、更经济。

误解Ⅳ：公平合理的管理制度

公平合理既不是管理制度设计首要考虑的因素，也不是管理制度设计必须遵守的"天条"，尽管这会让许多人在感情上难以接受。

首先，世界上并不存在完全公平的制度，任何制度都有目的性和倾向性。譬如"私有财产神圣不可侵犯"，貌似对所有人都一视同仁，但实际对谁更有利，一个穷光蛋还是一个亿万富翁？答案不言自明。

其次，规则公平，程序民主，并不能保证结果公平。制度设计既可以做到程序正义、实体不正义，也能做到形式公平、结果不公平，就看事先如何巧妙构设。因而对于程序公平合理，崇敬但不必崇拜。

五名加勒比海盗，个个绝顶聪明，虽然冷酷无情但却信守承诺，同时还能理性地计算得失并做出正确选择。现在，他们要瓜分抢来的100枚金币。怎么分配，才能做到公平、民主？

他们制定的规则是：首先抽签决定顺序（1、2、3、4、5），非常公平。然后，由1号提出分配方案，大家民主表决，超过半数同意，按其方案进行分配，如果方案没通过，1号将被扔进大海里喂鲨鱼；1号死后，由2号提方案，大家民主投票，超过半数同意，方案才能通过，否则2号同样被扔进大海喂鲨鱼，依此类推，过程也很民主。

结果将会是怎样的呢？1号海盗提出怎样的分配方案，才能避免自己死去的命运，并且还能获得最大的收益？

分析过程需要从后向前做推导。如果1至3号强盗都喂了鲨鱼，只剩下4号和5号，5号一定投反对票让4号去喂鲨鱼，以独吞全部金币。所以，4号无论如何都要支持3号，才能保命。

3号很聪明，明白这一点，就会提出"100，0，0"的分配方案。因为他知道4号会无条件支持自己，加上自己一票，方案即可通过。

不过2号更聪明，会提出"98，0，1，1"的方案，即放弃3号，而给予4号和5号各一枚金币。由于该方案对于4号和5号来说，比3号分配时的一无所有要好，他们将全力支持2号。

然而1号也不傻，会提出（97，0，1，2，0）或（97，0，1，0，2）的方案，即放弃2号，而给3号一枚金币，同时给4号（或5号）2枚金币。由于1号的这一方案对于3号和4号（或5号）来说，相比2号分配时更优，他们将投1号的赞成票，再加上1号自己的票，1号的方案便可获通过，97枚金币轻松落入囊中。

所以，分配方案是：（97、0、1、2、0）或（97、0、1、0、2）。

海盗分金的分配规则，的确很公平、很民主：

规则1，抽签决定分配顺序，表明每个海盗机会相等，很公平；

规则2，任何一个海盗提出分配方案，都通过民主表决来决定。

但分配结果却是那么的不公平，甚至出乎意料：收益最大的海盗分得97枚金币，占了金币总数的97%，而有的海盗却什么也得不到。

三、人是活的，制度也是活的

以上所说的制度通病，究其根源，一个很重要的原因，是人们在认识上有一个误区——"人是活的，制度是死的"，管理制度被当作刻板的规则、僵化的教条。在这种认知下所生产出来的"死"制度，不但管不了"活"人，还可能为"活"人所戏耍、所愚弄、所利用。

在管理制度设计中，"人是活的，制度也应是活的"。好的制度，灵秀其内，弹性其外，自有一种随动机制，随对象情况变化而变化。孙大圣本领再高，一个筋斗翻十万八千里，也翻不出如来佛的手掌心。倒不是因为如来佛的手掌巨无霸，而是因其变化自如、可大可小。

在原来刻板、僵化的制度中引入随动机制，建立起制度控制参量随情况变化而变化的机制，使之动态化、活化，就形成了制度设计的第一种简便办法——"**活化**"。

昇晟公司就是采用这种方式，将原有的制度变得十分轻巧灵活。

首先，我们来看昇晟公司的**绩效考核制度**是如何"活化"的。

昇晟公司经过多年发展，目前已稳稳占据行业领军位置，再加上所处行业非常成熟，所以不再像成长型企业那样追求狂飙突进，而是强调稳中求进。这一指导思想体现在企业内部管理上，就是希望企业管理各方面不要出现明显的"短板"。

在绩效考核方面，昇晟公司一直实行的是KPI（关键指标）方式，虽然每年都做完善，但问题依然突出。譬如每到年底，人力资源部和管理层就要花上整整一周的时间，和各部门就来年的KPI考核方案、指标、权重等进行讨价还价，争得面红耳赤。再有，关键指标与奖惩挂钩，大家就重视，非关键指标不挂钩，就没人关注，导致相对应的管理工作往往很差。此外，负责KPI考核的人力资源部门既制定指标体系，又负责执行；既当裁判员，又当运动员，自然年年拿第一。

但也有些问题，是KPI考核自身先天性缺陷所带来的。KPI作为一种指标评价体系，看上去很美，许多企业也在用。然而，但凡指标评价体系都很难回答两个基本问题：为什么选这个指标而不是那个？为什么权重是20%而不是19%？由此评价出来的结果，自然难以令人信服。事实上，大多数的指标评价体系，无论用什么方法，无论怎样绕来绕去，所设定的评价指标和权重，其科学性都是存疑的。

不过，考虑到昇晟公司使用KPI考核已经多年了，即使KPI体系自身科学依据不足，但只要能解决问题就行。从尊重历史的原则出发，笔者对KPI考核进行改造，建立起"动态KPI考核指标体系"：往年分数低、完成不好的考核指标，就按一定规则升权重，反之则相反。从而鼓励大家抓弱项、抓劣势，补齐管理"木桶"上的那几块短板。

根据这个思路，设定具体规则如下：

（1）依据各部门职责、岗位和工作任务，建立一个各部门常规考核指标库，既包括原来的KPI指标，又包括原来的非KPI指标。

（2）检查去年的KPI指标完成情况并进行打分，以80分为基准，分值每超过2分，权重自动降1%；分值每低于2分，权重自动升1%。当然，极个别重要指标可以设定最低权重，增减变化不能低于限值。

（3）经过以上调整后，选取那些权重超过10%的几项指标作为新的KPI指标，由于其权重相加不等于100%，可做归一化处理，形成新的KPI考核指标权重。其考核与奖金挂钩。

（4）非KPI指标虽然不与奖金挂钩，但到年底也要做统一评价，依据完成情况自动升降权重，每年循环往复，从而形成动态KPI体系。

以下是公司人力资源部的动态KPI指标权重变化表。

表 2-1

指标名称	原有权重	考核得分	权重增减	新权重	新权重归一化	备注
招聘完成率	40%	80	0%	40%	42%	该指标权重变化最低限为30%
考核及时率	25%	90	-5%	20%	21%	
员工面谈率	15%	96	-8%	7%	0%	权重低于10%，成为非KPI指标
费用控制率	20%	70	+5%	25%	26%	
培训人时数	0%	60	+10%	10%	11%	权重高于10%，成为KPI指标

在人力资源部原有考核指标中，"员工面谈率"指标权重为15%，去年考核得分96分，比80分基准多16分，依照增减规则，权重要降8%，则今年的权重为15%-8%=7%，因低于10%，变成非KPI指标；"培训人时数"指标去年是非KPI指标，权重为零，去年考核得分60分，则今年的权重自动升到10%，成为新的KPI指标。

"动态KPI考核指标体系"有效解决了KPI指标科学性和公信力不足的问题，上下级之间再也不会为考核指标讨价还价了，每年一周的KPI制定会也不用开了，非KPI指标也不再被忽视了，企业内部的管理短板被消除了。当行业内许多企业因为市场环境剧变、管理短板作用凸显，业绩大起大落甚至亏损之时，昇晟公司的发展却一直非常稳健，动态KPI考核体系起到了相当大的作用。

其次，我们来看昇晟公司的**基本工资制度**是如何"活化"的。

昇晟公司原来的工资体系，采用的是行业惯常做法：基本工资＋浮动工资＋加班工资，而基本工资这一块又按照岗位、职级、学历、技能、司龄等因素设置了一大堆等级，什么行政五档、技术六档、产线七档、管理八档……看了让人目不暇接，头昏眼花，无所适从。

几年下来，公司发现原有的工资体系存在几个明显的问题：一是基本工资往往是"谈"出来的，而不是"干"出来的，工资高低主要取决于级别、学历等工作努力之外的因素，谁在求职的时候会编简历、会坐地要价，基本工资就定得高一些，之后的调薪也多以此为基点，不会吹、不会要的老实人反而吃大亏、吃长亏；二是基本工资只能升不能降，谁的入职年限越长，工资档位就越高，自觉不自觉又回到了论资排辈的老路上；三是员工似乎永远"喂不饱"，没有人嫌自己的工资高，隔三差五就有人闹着要加薪，这个员工满足了，那个心理又不平衡，没完没了地和公司博弈。

表2-2　让人头晕目眩的工资方案

操作维护岗位（岗位）				岗级	绩效工资标准	还原岗位系数	管理岗位	技术业务岗位（岗位）
技能专家				24	9200	5.0	经营决策层	首席工程师、首席管理师、研究员
				23	8400	4.8		
				22	7700	4.6		
				21	7050	4.4		
				20	6500	4.2		
				19	5950	4.0	经营管理层	
				18	5450	3.8		
				17	4950	3.6		主任工程师、主任管理师
				16	4500	3.4		
	高级操作点检			15	4100	3.2	业务管理层	
				14	3700	3.0		
				13	3400	2.8		起始
起始				12	3400	2.6		区域工程师、管理师
	中级操作点检			11	2800	2.4		
				10	2550	2.2		起始
	起始	操8		9	2350	2.1	一般管理层	技术业务协理
			操7	8	2160	2.0		起始
				7	2040	1.9		
			操6	6	1920	1.8		
			操5	5	1800	1.7		
			操4	4	1680	1.6		
			操3	3	1560	1.5		
			操2	2	1440	1.4		
			操1	1	1330	1.3		
				1岗起始	1230	1.2		
				2岗预备	1130	1.1		
				1岗考核	1030	1.0		
				备用	930	0.9		

怎么解决？在笔者的建议下，昇晟公司根据动态KPI考核结果，建立起动态底薪浮动机制，具体办法如下：

（1）任何员工，无论在任何部门任何岗位，连续6个月或一年当中有9个月的KPI考核结果都排在公司前10%，底薪自动升一级；

（2）任何员工，无论在任何部门任何岗位，连续6个月或一年当中有9个月的KPI考核结果都排在公司后10%，底薪自动降一级；

（3）部门经理，如果该部门连续6个月或一年当中有9个月的KPI考核结果都排在公司前两位，底薪自动升一级；反之则相反。

（4）底薪浮动每季度进行一次，上不封顶，下不保底（即降至政府所规定的最低工资）。

这种制度安排，没有理会原有的工资体系是否公平合理，也没有费劲地重搞一套"完美"的薪酬方案。即使部分员工的原有底薪不合理，也是通过动态运行机制，将历史问题化解于无形。在底薪的运动变化中逐步实现动态公平，不纠缠于历史，团结一致向"前"看。

这套量身定做、别具一格的工资方案，使得底薪彻底"动"起来。谁干得多、干得好，谁的底薪就高。下级有可能超过上级，一线员工有可能超过经理。而且，公司不用再辞退不合格的员工了，经过几轮周期下来，老是做得差的员工，底薪浮动到底，自然会卷铺盖走人。

最后，我们来看昇晟公司的**股权激励制度**是如何"活化"的。

股权激励，作为一种长效激励机制，被一些学者誉为"金手铐"并受到青睐和追捧。然而，国内企业所实行的股权激励，大多存在着种种缺陷，信手拈来，比比皆是。

首先，股权激励一般只覆盖到企业高管和少数技术骨干，可一个企业效益的提升，并不仅仅是极少数高管的事情，而是需要管理层、中低层管理者和一线员工共同努力。厚此薄彼，难免打击积极性。

其次，企业高管持股后，工作动力反而下降。因为对于这些千万富翁、百万富翁，很难要求他们再像当年那样，"提着脑袋干革命"。而干革命，提脑袋和不提脑袋，效果大不一样。

最后，股权激励"金手铐"，一头固然铐着激励对象，但另一头也铐着企业自己，镶上去容易，摘下来难，想要让那些获得了股权激励但此后表现不佳的高管走人，企业可能需要付出断腕的代价。

对于上市公司，管理层持股后，工作业绩与具体收入之间反而不那么直接了，中间隔了一层，即所持股票的涨跌。可股价变化不完全取决于管理层的努力，辛辛苦苦一整年，股价一跌全白干。高管们的心思自然难以聚焦在工作上，在股价上动点歪脑筋，也就在所难免。

对于中小企业，股权激励常常遭遇这样的质疑："给股权干吗？还不如给钱，三年之后还不知道企业在不在了？"

昇晟公司也曾想用股权激励来拴住优秀的管理人员和技术骨干，可上述的这些问题，让陈总心存疑虑，难下决心。在笔者的建议下，公司建立起动态股权激励制度，思路大致如下：

（1）股权激励对象：当年业绩超过同一岗位平均水平10%以上的员工；或者没有相同岗位但超过自身考核指标10%以上的员工。

（2）股权购买数量：符合上述标准的员工，自行决定购买数量，但金额以其当年所得的业绩奖和年终奖为限。

（3）股权购买价格：与员工当年的业绩表现挂钩，业绩越好，股权购买价格越低。即：股权购买价格＝资本价值[1]×（1－业绩超额比例）。如果业绩超额比例超过90%，则其购买价格最低为1折。

（4）股权对赌回购：获得过股权激励的员工，若当年业绩低于同一岗位平均水平或自身考核指标10%以上者，公司按照事先的约定强制回购，数量为其持股数的一半，业绩越差，回购价格越低。即：股权回购价格＝资本价值×（1－业绩差额比例）。如果业绩差额比例超过90%，则其回购价格最低为1折。

（5）员工离职，所持股份数由公司按资本价值回购。

以某优秀经理为例，假定公司股权价格两年不变，都是2元／股。第一

---

[1] 资本价值：当商品用作资本时，它值多少钱，取决于它能赚多少钱，这种从未来预期净收益倒推出来的所谓价值，就是资本价值。资本价值＝未来N年预期净收益之和的贴现（N为按社会平均利润率计算出来的社会平均回本年数）。参见戴天宇．经济学：范式革命[M]．北京：清华大学出版社，2008：114．

年，他的业绩考核超过平均水平 30%，两项奖金之和为 2.8 万元，他可以选择以 7 折价格购买激励股权，也可以选择直接拿奖金。如果他选择行权，则购买价格为 1.4 元，可购买股数为 2 万股（2.8 万元）。第二年，如果他的业绩下滑，低于平均水平 20%，则公司就要按 8 折价格回购 1 万股，回购价格为 1.6 元；当然，如果业绩不比平均水平低 10%，则平安无事，但平均水平在这种激励机制下是逐步上升的。

这一制度设计的核心要义，是不让股权激励成为静态的福利，不让过去的"元勋功臣"躺在功劳簿上吃老本。逆水行舟，不进则退，"动"起来，股权激励才能发挥作用，自动筛选和留住那些真正能对公司发展持续做出贡献的人。而坚决不搞无偿赠股，原因也很简单："太容易得到的东西，就不会珍惜。"

这一股权激励制度，貌似对所有员工都是一视同仁、公平公正的，但其实是有倾向性的。就业绩奖和年终奖而言，管理层拿得高，还是普通员工拿得高？谁更有可能成为股权激励的对象，答案不言自明。

制度实施后，公司当年利润翻两番，400 多名员工，25 个人达标，11 个人行权。放弃行权的主要是基层员工，一则奖金收入相对较少，二则投资意识相对较弱，更喜欢真金白银，落袋为安。

制度运行结果完全符合制度设计的初衷。

Chapter 3

第三章

制度比执行力更重要

不好的制度，注定执行不好。

本章概览

近年，国内管理学界掀起了"执行力"热潮，认为"执行力"是包治企业百病的灵丹妙药。不过，笔者认为，没有好的制度，就不会有好的执行。很多企业，就连小小的考勤制度都执行不好，并不是因为执行力过分低下，而是因为制度制定得不科学。在本章中，笔者帮助六个不同地域、不同行业、不同员工构成、不同文化生态的企业，制定或完善考勤制度，使他们摆脱了令人头疼的迟到早退现象。这证明了笔者的观点：制度比执行力更重要，每个企业是不同的，最适合自己的管理制度才是最好的。科学管理，不妨从科学的管理制度设计开始。

"制度问题不解决，思想作风问题也解决不了。"[1]

——邓小平

说到"制度"，就不得不说道说道"执行"了。近些年来，国内的管理学界掀起了一股宣扬"执行力"的热潮，似乎一强调"执行力"，组织内部有令不行、有禁不止等难题就会迎刃而解，推诿扯皮、敷衍塞责等毛病就会烟消云散。"执行力"俨然成了包治企业百病的灵丹妙药、迈向事业成功的不二法门。而趁此热潮，诸如"领导力""胜任力""决策力""整合力""企划力""文化力""产品力""品牌力""管理力""营销力""成长力"之类的新"泡泡"，更是一个接一个往外冒。新名词满天飞，新术语满地跑，反正这些个"神功法力"，谁也看不见、摸不着、检测不出、验证不了，咋说咋有理。而在人类的科学史上，过往经验一再表明：越是说不清、道不明的东西，越是会有人用来装神弄鬼、大做文章；越是说得神乎其神、玄而又玄，越是会有人盲从迷信、顶礼膜拜。

退一步讲，即便抓"执行力"确实有效果，也未必有那么神奇。在一片高谈阔论声中，人们似乎忘记了一个简单事实：到目前为止，还没有哪一个企业组织的"执行力"，能够像纳粹德国那样疯狂，而纳粹德国的凶悍执行，也仍然无法挽救法西斯主义必然灭亡的命运。

一、没有好的制度，哪来好的执行

对于"执行力"理论，我们只需追问三个问题，就不难发现它的"软肋"：制度与执行，到底谁在前，谁在后？制度与执行，到底孰为本，孰为末？没有科学的制度，哪来合理的执行？

---

[1] 邓小平文选：第2卷[M].北京：人民出版社，1994：328.

先有制度，后有执行；好的执行，首先需要好的制度。如果制度本身就有问题甚至是荒唐的，坚决贯彻，绝对执行，只会让结果更加难堪。所以制度"落不了地"，不能简单归咎于执行，遇到有章不循、执行不力的问题，不妨回过头来审视一下制度，很有可能是制度本身就没法执行。在这种情况下，让员工读再多《没有任何借口》《不要任何借口》《态度决定一切》之类的煽情"伪书"[1]也没有用！

少数专家故意不提这一点，还在那儿闭着眼睛、摇头晃脑说什么"制度好定，但执行起来太难"。这种论调看似立论煌煌、言辞凿凿，其实是一种经不起推敲的想当然：制度真那么好定吗？为什么"好定的制度"反而执行不下去？这是不是说明"好定的制度"本身就缺乏执行的基础？这是不是说明"好定的制度"本身就存在先天的缺陷？

执行是以制度为前提的，比执行更重要的是制度，比制度更重要的是机制——社会发展的自身规律、企业管理的内在机理。一套经过科学化设计、符合客观实际、顺应民心民意的良好制度，可以让执行事半功倍，甚至自动获得执行；反之，一套仅凭个人拍脑门儿、脱离客观实际、违背人们共同意愿的庸劣制度，即便"执行力"再强悍，推行起来也会磕磕绊绊，甚至会走向反面。这方面的例子不胜枚举。

兴兴电子有限公司（应企业要求采用化名）是一家民营的系统集成企业。大多数员工都是专科或以上学历，年轻人居多，与老板的关系也一直很融洽，但在小小的考勤问题上，公司却遇到了大麻烦。

兴兴公司原来实行的打卡考勤制度，是从网上"扒"下来的制度范本，兹将主要规定摘录如下：

......

第十一条　员工上、下班必须亲自打考勤卡，每天应当打卡四次，漏打卡者每次罚款20元。

第十二条　员工不得让他人代打卡，如被发现，代打卡者和被代打卡者

---

[1] 章学峰. 新闻出版总署公布第二批伪书名单[DB/OL]. http://news.xinhuanet.com/book/2005-07/26/content_3266799.htm，2005-07-26/2013-06-06.

各罚款人民币 50 元。

第十三条　员工迟到早退超过 10 分钟，扣一小时工资；超过 20 分钟，扣半天工资；超过 30 分钟，扣一天工资。

第十四条　员工因事因病须按规定履行请假手续，否则以旷工计。

……

规定虽然详尽，但和许多企业一样，员工代打卡现象屡禁不止，公司不得不在上班时派专人值守，可专职的考勤员不愿意得罪同事，经常睁一只眼闭一只眼；有些员工即便缺勤，也有办法从其上司那儿弄来签注，逃脱处罚；公司规定迟到超过 30 分钟算旷工半日，员工偶尔迟到超过 30 分钟，索性给自己放大假，到网吧去玩；作为系统集成企业，加班加点是家常便饭，迟到者往往以此为理由申请免罚；人事部每天都有员工来争辩，薪资发放日更是成了矛盾集中爆发日，最终发生了一起员工追打人事部门经理的恶性事件。

事件发生后，总经理王女士向某管理专家咨询，得到的方案是：

（1）加大惩戒力度，迟到、早退及代打卡的工资扣罚标准加倍，对无正当理由到人事部门争辩者，一律予以重罚甚至开除。

（2）管理层更要以身作则，带头守法，履行正常的考勤手续。

（3）管理层要统一认识，严格执法，帮下属欺瞒者与之同罪。

（4）通过培训、内网等反复宣传，形成自觉遵纪的良好氛围。

王总按照这些建议，用"铁腕"管理员工，虽然人人自危、噤若寒蝉，但情况确实迅速好转，王总很得意。可临近春节，年终奖刚刚发放完毕，人事部经理却耷拉着脑袋前来报告：有近三分之一的员工递交了书面辞呈，而且主要是有经验的老员工和中低层管理者，公司正在进行中的许多工程项目将被迫终止。

王总听了直发懵，抽出一封辞呈，只见上面写着："制度太苛刻，霸道无人性，此处不留爷，自有留爷处，处处不留爷，爷去投八路。"

经过一番苦口婆心的劝说，晓之以理，动之以情，大多数辞职者收回了辞呈，不过口干舌燥、身心疲惫的王总心里明白：矛盾只是暂时平息下来，员工们仍然对新的考勤制度严重不满。

无视制度的自身缺陷，一味强调员工无条件遵守、非理性服从，压制员工的合理诉求，结果导致员工们心怀愤懑，最终酿成辞职潮，企业经营差点儿陷入全面瘫痪，兴兴公司的经验教训不可谓不深刻。

二、狠抓落实，往往说明制度太笨

制度太笨，天才也执行不了

《世界是平的》一书的作者托马斯·弗里德曼在他的一篇短评中写道："美国成功的秘密不在于华尔街，也不在于硅谷；不在于空军，也不在于海军；不在于言论自由，也不在于自由市场……美国真正强大的力量，来自于我们所继承的良好的法律与制度体系——有人说，这是一套由天才设计，并可由蠢材们运作的制度体系。"[1]

这一说法固然有王婆卖瓜、自卖自夸之嫌，但对我们不无启迪。因为反观国内，少数企事业单位乃至个别政府部门出台的制度，恰恰是倒过来的，"蠢材设计，天才难以执行"。

城市公交票价一般都是按站分段计费的，譬如说上车两元，过了十站以后，每五站加收一元。还有的更简单，譬如说全程三元。

但在国内某滨海城市，一些政协委员提出来，按站计费并不符合公平原则，最公平的方式应当是按里程收费。市交通局领导一听，有道理，于是乎制定出台了《打造国际化大都市公交票价调整方案》。

《方案》规定："根据公平原则，在全市公交系统推行基于里程的票价制度，票价标准为：（1）空调大巴起步2元，乘坐10公里后每公里递增0.3元；非空调大巴起步1元，乘坐7公里后每公里递增0.2元；（2）票价上限，空调大巴9元/人次，非空调大巴6元/人次；（3）乘客使用公交一卡通，票价3元以下（含3元）部分8折优惠，3元以上部分7折优惠；1.10米至1.40米的儿童按全票半价计费。"

这么多数字及计算规则，一般老百姓算都算不过来。这且不说，以空调大巴为例，按此政策，假定前七站10公里，第七站到第八站1.7公里，票价加0.5

---

[1] Thomas L. Friedman. Medal of Honor [N]. New York Times, 2000-12-15.

元；第八站到第九站 0.9 公里，票价加 0.3 元；第九站到第十站 1.3 公里，票价加 0.4 元……这还不是最要命的，问题是一条公交线路有几十站，乘客兴许是从第三站坐到第十七站，兴许是从第八站坐到第二十六站，30 站就有 450 种票价组合，60 站就有 1800 种票价组合，史上最牛的公交价目表就此诞生了！

《方案》推行前，数千名司乘人员被集中起来轮训，背天书般的票价表，据说大部分人背了两月愣是没背会，还背疯了两个售票员。《方案》实施当天，整个城市公交系统一片混乱，售票员们一手拿着密密麻麻的票价表，一手拿着计算器，按到手发软，还是算不过来。

而提议案的政协委员却坚持认为是交通局组织不力、执行不力。

如此政策设计，真有些"蠢材设计，天才难以执行"的味道了。

精巧的制度让执行事半功倍

有些领导讲话，习惯性的一句顺口溜是"狠抓落实，常抓不懈，一抓到底"，貌似决心很大、魄力很大。但反过来，"狠抓落实"可能恰恰说明"制度太笨"，只能通过人为的努力去弥补制度的"笨拙"。而"精巧"的制度是能让执行事半功倍，甚至获得自动执行的。为什么我们事前不去制定出"精巧、灵动、自运行的制度"，而非要到事后再去"狠抓落实"呢？

兴兴公司考勤问题的最终解决，就不是靠"执行力"的强硬推行，而是靠制度安排上的"四两拨千斤"。

通过应聘为企业员工进行潜伏调研，笔者发现：兴兴公司自成立后到"考勤政变"前的五年间，依靠老板的个人魅力，企业内部已经大致形成了上下无间的融洽气氛，"执行力革命"反而破坏了这种和谐；作为系统集成企业，业务稳定性不强，工作时间多变，经常加班熬夜；可公司却照搬照抄网上扒下来的考勤制度，并在此基础上进一步强化所谓的"执行力"，员工们敢怒不敢言，最终导致矛盾的集中爆发。

根据公司的实际情况和所处行业的特点，笔者为该企业设计了**"年假储蓄制度"**，思路如下：

（1）人事部门为每位员工建立一个年假储蓄账户（时间户头），加班相应增加年假储蓄额，迟到早退及各种请假则相应减少储蓄额；时间账户每月结算一次，余额自动转存到下一个月，员工不愿转存的，预留2天作为下一个月的机动，其余则按本月的平均工资折算发放；时间账户为负，才从工资账户扣罚相应金额。这样一来，矛盾自然就小多了。

（2）严格遵照国家相关法律规定，经批准延长工作时间加班的，按加班时间的1.5倍计入年假储蓄额中；休息日加班，按加班时间的2倍计入；法定节假日加班，按加班时间的3倍计入。

（3）病假，按请假时间的0.5倍从年假储蓄额中扣除；事假，按请假时间的1倍扣除；迟到或早退，按迟到、早退时间的2倍扣除；旷工，按旷工时间的3倍扣除；户头不足者按同样倍数扣减工资。

（4）探亲假、婚假、丧假、产假等，按国家有关规定一次性在其年假储蓄额中增加相应天数。

（5）在不影响工作的前提下，经公司批准后，员工可以在年假储蓄余额范围内申请休假，休假时间从储蓄账户中扣除；业务繁忙时鼓励员工多加班以增加储蓄余额，淡季时鼓励员工多休假、休长假；这样既让员工开心，又节省了公司的人力成本。

员工年假储蓄账户具体如下：

表3-1 员工年假储蓄账户示意表

户名：张三　　部门：客户服务部　　账号：1030006

日期	登录事项	倍数	增减（小时）	结余（小时）
1月01日	上月余额转入9天	×1.0	＋72.0	72.0
1月01日	法定节假日加班1天	×3.0	＋24.0	96..0
1月04日	延长时间加班2小时	×1.5	＋3.0	99.0
1月16日	上班迟到30分钟	×2.0	－1.0	98.0
1月17日	请事假1天	×1.0	－8.0	90.0
1月23日	请病假1天	×0.5	－4.0	86.0
1月30日	春节假转入3天	×1.0	＋24.0	110.0
1月31日	春节实际放假10天	×1.0	－80.0	30.0
2月10日	旷工1天	×3.0	－24.0	6.0

这套制度设计方案，经过意见征询、模型分析和实验检验，对个别细节优化后，在企业中顺利实施。员工们根据规则自动地调整自己的行为方式，企业重新步入了上下和谐、快速发展的良性轨道。到目前为止，兴兴公司在考勤上再也没有出现过大的矛盾或冲突。

三、制度不当，严格执行只会适得其反

制度不精巧，只是"笨"而已；制度不适当，则会"死"人的。

著名法学家孟德斯鸠在其名著《论法的精神》里举过一个绝妙的例子：在古代中国，抢劫又杀人的凌迟处死，其他抢劫者只是处徒刑，由于有了这个区别，所以抢劫者不常杀人；但是在沙皇俄国伊凡四世时代，抢劫和杀人的惩罚都是死刑，是以抢劫者经常会将被抢者杀害，因为只有死人才不会说话，不会指控一个人犯抢劫罪，这样抢劫者才有可能逃脱惩罚。法律实施的结果，反而导致大量的被抢劫者无辜送命[1]。

由此可见，不适当的制度，越是强调"执行力"，越是严格执行，越是与其美好的初衷南辕北辙。

北京佳信科技有限公司（应企业要求采用化名）成立之初，就带有很浓厚的人治味道。公司里所有的规章制度都是由总经理黄海一手制定出来的，不仅存在很大漏洞，而且很不科学。以考勤制度为例，公司考虑到IT行业的特殊性，在考勤方面没有做任何严格要求。

但人事部经理孙杰很快发现，缺乏考勤制度不可避免地带来一些问题。许多员工开始还能自觉按时上下班，就是身体稍有不适也能坚持工作，但随着时间推移，员工迟到早退的现象日益严重。久而久之，竟然变成了一种习气，准时上班的，反倒被大家认为是不正常的了。

发现这个问题的孙杰向总经理黄海汇报。黄海一听，大发雷霆：公司如

---

[1] 孟德斯鸠. 论法的精神：上册[M]. 孙立坚，孙丕强，樊瑞庆，董晓涛译. 北京：商务印书馆，1961：92.

此信任员工，不做考勤，员工竟如此"回报"公司，这样下去怎么得了？要彻底根除迟到早退现象，就必须从严管理，辣手处罚。

在黄海的坚持下，公司出台了一个非常严厉的考勤制度：

"员工当月迟到或早退一次的，罚款100元；累计达到两次的，罚款300元；累计达到三次的，公司立即与其终止劳动合同。"

新的考勤制度实施后，员工们大为紧张。身处"首堵"的北京，为避免交通拥堵、大厦电梯拥挤等造成的迟到导致被处罚、被辞退，多数员工不得不提早很多时间到公司。一些员工因此休息不好，上班时间精力不集中，时间一长，对公司苛刻的考勤制度怨气冲天。

人事部经理孙杰了解到这些情况以后，向总经理黄海多次进谏。在他的努力下，公司废止了已实施两个月的考勤制度，出台新规定：

"上下班时间不变，但当月迟到或早退一次的员工，罚款20元；累计达到两次的，罚款50元；累计达到三次或三次以上的每次罚款100元。该月度全勤的员工奖励200元。"

员工们一片欢呼雀跃，每天早上还没到点，就齐刷刷全部到齐。新的考勤制度实施一个月后，除三名员工有请假造成的缺勤记录外，其余员工均为全勤，大家兴高采烈地拿到了全勤奖。

然而，实施仅一个月的新考勤制度，却被总经理黄海一声令下给废止了。黄海认为：不迟到、不早退，这是一名职业人应当做到的，如果靠钱来促使员工全勤，没有意义；而且，这么高的全勤率，无形之中也给公司造成了较高的人力成本。

在总经理黄海的坚持下，公司重新实行原来的考勤制度。更出乎员工们意料的是，公司责令员工将拿到手的全勤奖如数退还给公司，理由是：第二套考勤制度是"乱政"，要改正错误，当然要彻底改正。

结果可想而知，员工纷纷辞职走人，一封辞职信上写道："三个月公司变了三回考勤制度，我终于知道什么是'朝令夕改'了。公司的制度完全是主观设定，员工只能作为'弱势群体'任人摆布，这怎么可能让员工看得到公司的未来？"[1]

---

[1] 赵枫．考勤制度阴晴不定 [DB/OL]．http://finance.sina.com.cn/leadership/jygl /20060601/15352616543.shtml，2006–06–01/2007–07–01．

一番风波之后，总经理黄海痛定思痛，决定采用人性化的管理，于是迅速出台了一套新的考勤规定：

"员工迟到10分钟以内不算迟到，但当月不能超过三次，超过三次者，每次罚款100元。"

可到了员工那里，却被解读为："我们每个月有三次迟到的机会，时间是10分钟以内！"新制度的实施效果可想而知，每天上班时稀稀落落，总有三五个迟到者，大家轮着来，绝不浪费三次可迟到机会。

怎么办？佳信科技公司的考勤制度改还是不改？不改，问题摆在那里；改吧，四个月改了四回考勤制度，如何还能再改？

无奈之下，人事部经理孙杰向笔者求救。在笔者建议下，总经理黄海决定对新考勤制度打"补丁"补救，即实行**"考勤连坐制度"**：

"公司按部门设立团队全勤奖，该月度达标的团队每人200元。但如果该部门所有员工迟到早退的时间累积起来超过10分钟×N（N为该部门全体员工数），则该部门员工当月都不能领取团队全勤奖。"

这番无奈的"补救"，效果却很神奇。员工迟到早退现象在一夜之间消失了，即使偶有员工迟到，也大多是出于客观原因迫不得已，并且在事后也会想方设法取得部门其他同事的谅解和宽容。

四、科学管理，从科学的制度设计开始

管理，是一门科学；但管理学，还不是一门科学。

一门可以称之为科学的学科，不会是一个"没有篱笆的菜园子"，什么人都可以跑进来指手画脚、说三道四。今天流行一种时尚观点，明天冒出另一种新潮说法，"乱哄哄，你方唱罢我登场"，一地鸡毛之上再落一层鸭毛。而当今中国的管理学界，恰恰是这番乱象，就连素不相干的和尚、道士、国学大师，也都跑进来凑热闹。一个个激扬文字，指点江山，"意气风发"，领着一干不明就里的企业家们"一起发疯"。

一位号称要将"佛学智慧引入企业管理"的大师开堂授课，绘声绘色地

讲述了一个佛学经典：有一个老和尚，带着两个小和尚打坐。"呼呼呼"起风了，小和尚们修行时间短，道行不深，东张西望，一个指着旗子说是"幡动"，另一个争论说是"风动"，老和尚淡淡地说道："心动。"

一众学员听完后，佩服得五体投地，掌声如滔滔江水连绵不绝。唯独笔者有些疑惑，便站起来向大师请教："大师，如果我派两个人把老和尚扔进龙卷风里或者台风眼里，呼呼吹上天，再吧唧摔下来。腿折脚断，鼻青脸肿，满脸是血，疼得哎哟直喊妈。然后我再去问他，风动还是心动，他将作何回答？"大师无言以对。

道理再清楚不过了，风的客观存在，不以人的意志为转移，总有一些客观现象和客观规律不是闭着眼睛说"心动"就能否定得了的。

科学，无外乎是要追寻和探究事物自身的内在机理和客观规律，所以科学一定是唯物的，管理学作为一门科学也是如此。传承千年的"国学"，固然能给我们带来无与伦比的深厚启迪，但毕竟与唯物的管理科学体系有着根本的差异甚至抵触和冲突，对此应有清醒的认识。

与"山在虚无缥缈间"的"国学"相比，"执行力"毕竟是冲着解决实际问题去的，就这点而言还是值得肯定的，但指望"狠抓执行力""一抓就灵"也不现实。因为靠逼员工是逼不出真正的"工作积极性"和"主观能动性"的，还应拓宽视野，跳出执行看执行，对执行的缘起——管理制度，严格审视，看看制度本身有没有缺陷。当然这不是说，有了制度，就可以不要执行了，只有研究制度，才能进行科学管理。但这种追根溯源的思考方式，至少让我们更有可能触摸到事物发展的自有脉搏、企业管理的内在机理。

仍以考勤为例，作为一项基础性管理工作，考勤是必要的，奖惩也是必要的。如果不对那些迟到早退、无故不到岗的员工予以惩戒，则会带来负面示范效应，久而久之，还会引起员工比迟到、比早退的逆向攀比。但在许多企业中，考勤是一件头疼的事，管理者总在琢磨如何保证出勤率，员工们总在寻思如何投点机、取点巧。管理者无论拿出怎样的"高招"，时间一长，群众的智慧是无穷的，总能想出对策。这些年来，考勤设备不断升级，从签到簿到打卡机、指纹机、虹膜机……恰恰证明在考勤问题上从来都是"道高一尺，魔高一丈"。

解决考勤问题，同解决所有管理问题一样，都需要一种全面的、系统的思维。当多数员工都在考勤问题上与管理者"斗智、斗勇、斗法"的时候，管理者就要反思了：员工们为什么总是迟到早退？工作缺乏吸引力？工作安排不周详？工资水平偏低？上班时间不合理？出行交通有困难？考勤是否一视同仁？处罚有无厚此薄彼？……从而对症下药，有的放矢。这其中，当然也包括对考勤制度的调整、改进和优化。

不过，即便是最平常的考勤制度，其设立也不是一件轻而易举的事情。人们遵不遵守制度，关键并不在于制度的表述多么严谨、规定多么严密、口气多么严厉，而是在于遵守制度与违反制度的利益比较，考勤制度也是如此。既然这样，为什么不能换一种思路，不再对员工"围追堵截"，而是设定一种利益机制，让员工没有动力去违反制度？

"考勤乐捐制度"

上海申吉软件公司（应企业要求采用化名）有三大事业部，多数员工都是具有本科或以上学历的年轻人，头脑敏锐，思维活跃，工作热情很高，项目紧张的时候加班加点也满不在乎；可不紧张的时候就很散漫，作息时间不规律，K歌、泡吧、打游戏，往往一玩一个通宵，早上按时上班自是无从谈起了，频繁加班和工作辛苦也成了许多年轻工程师的借口。考勤一直是个老大难问题。

公司也采用了打卡考勤、迟到罚款的传统方式。虽然有专人负责考勤，可效果总是差强人意，考勤员每天都不得不与这些花样百出的年轻工程师们玩"猫捉老鼠"的游戏，但结果总是"猫"被"老鼠"百般戏弄。到了月底，该按照考勤结果核算工资奖金了，老板却又来打招呼：这个技术骨干少扣点，那个项目经理不要扣。

两年下来，不堪忍受的考勤员换了四任，最后竟无人愿意接任。行政人事经理周小姐，一个名牌大学毕业的MBA，对此也一筹莫展。

为解决考勤问题，笔者应邀"潜入"公司，化身为行政人事助理，进行实地体验与调研。调研发现：企业以人为本，强调"事业留人、待遇留人、感情留人"；年轻的工程师们朝气蓬勃、富于创新，彼此之间也是互帮互助、密切配合，集体荣誉感和工作责任心都很强，可就是有一条，不愿接受僵化教条的管束。怎么办？

针对这一情况，结合行业特点，笔者为这家软件开发企业设计了"**考勤乐捐制度**"，主要思路如下：

（1）取消专职考勤员，迟到早退者不扣罚任何工资。

（2）办公室、会议室门前放考勤乐捐箱，迟到者按每分钟一元自觉捐纳基金，早退者按每分钟两元捐纳基金，如迟到10分钟捐款10元，早退20分钟捐款40元，依此类推，公司管理层加倍。

（3）乐捐箱中的资金滚存累积，作为各部门的集体活动经费，公司予以相应的配套；按月递减的，另有奖励；集体舞弊的，则冻结该部门一年的集体活动申请资格。

这样的制度安排，一方面是为了奖勤罚懒，另一方面是以集体的力量制约个人，用多数人的眼睛去监督少数人。一个人迟到，部门里所有同事都会行注目礼：呵呵，这个月去卡拉OK的经费有着落了。在这种情形下，特爱面子的上海人绝不会不捐而去遭受同事的白眼。

为什么不将乐捐的钱用于慈善或公益事业呢？因为乐捐说到底，还是一种惩戒，将其变成做好事的"公益捐赠"，还有惩戒味道吗？而且，如果与己无关，其他人又怎会有监督的劲头呢？

"考勤乐捐制度"实施三个月后的回访表明，这一制度得到员工的普遍理解和认可。周经理在回访问卷中还特别加了一句话："考勤，一直是我心中的痛，然而现在，扣薪变成了给集体'做贡献'，罚款变成了给大家'献爱心'，考勤在员工们轻松活泼的调侃中便完成了。"

显然，"考勤乐捐制度"用在上海的这家软件企业正合适，用在其他地方则未必行得通。考勤制度设计，也要一切从企业实际出发，量体裁衣、量身定做，即使是同一地域、同一行业的不同企业，因为具体情况不同，设计出来的考勤制度就有可能完全不同。

"Cosplayer（角色扮演）考勤制度"

上海暴风网络软件公司（应企业要求采用化名），是一家开发、运营和推广网络游戏的企业。员工多为80后、90后的时尚"潮人"，追求个性，喜欢新奇，酷爱游戏，喜欢搞怪，所以工作热情很高；但另一方面，叛逆心强，责任心差，什么未来、理想、责任感，都不在乎，制度在他们眼里面，不过是一张A4纸而已。

公司在考勤方面也曾经想过很多办法，甚至引入了指纹考勤机，可效果让人抓狂，迟到的照样迟到，早退的照样早退。因为这些收入颇丰的年轻员工都抱着无所谓的心态：罚就罚吧，罚少了，没感觉；罚多了，哥不陪你玩了。而在网络游戏这个行业，专业人才极度紧缺，"网游不缺钱，而是缺人"。各家网游公司都甩出大把的钱到处挖人，严格的考勤管理，很有可能将专业人才都推向了竞争对手。

让公司更为难的是，有员工一纸诉状将公司告上法庭，理由是指纹考勤机需要事先收集员工的指纹，严重侵犯了个人隐私。怎么办？

为了解决问题，笔者"潜入"公司进行调研，与管理层讨论后，最终采用了"Cosplayer（角色扮演）考勤制度"，具体规则如下：

（1）既然公司"不差钱"，那就取消指纹打卡机，改为每台电脑终端单一登陆，联网自动计时。

（2）迟到早退累计时长超过20分钟的员工，即可玩Cosplayer，选其时长最高者，自备服装、饰品、道具，扮演游戏中的仆人角色，午休时间为其他员工服务。

（3）仆人服务要达到"菲佣"的标准，包括为其他员工订盒饭、买饮料、擦桌子、擦皮鞋、端茶送水、打扫卫生、收发快递等。

（4）午休服务为1个小时，服务完毕后，核销迟到早退20分钟；如果仆人服务质量不高，让多数"主人"不满意，则核销时间减半。

（5）循环往复，只要有人累计时长超过20分钟，游戏自动开始。

新的考勤制度宣讲完后,"潮人"员工们别提多兴奋了,一个个兴致盎然地作出了自己的承诺,承诺自愿玩游戏,承诺服务不打折。

新制度实施第一天,就抓了一个"倒霉蛋",然后就被这帮一贯"与人为恶、恶贯满盈"的同事们整蛊,整得是死去活来、惨不忍睹。但因事先做过承诺,也无话可说,只能尽心尽力地提供"侍应"服务,"考勤惩戒"在嬉闹欢笑声中就完成了。从此以后,整上瘾的员工们都伸长脖子等着恶搞下一个"倒霉蛋",迟到早退的现象大为减少。

"接单顺序考勤制度"

不同地域、不同行业的企业,考勤制度的设计可以更加丰富多彩、更加精巧别致。

深圳中圆地产公司(应企业要求采用化名),是一家大型房地产开发企业,同时在售的楼盘往往就有五六个。由于售楼部员工分散在各个售楼处,考勤就成了一个老大难问题。

售楼处员工上班从来没有早到过。很多时候,看房的客户都等在售楼处门口了,现场的布置、陈列、折页、表单、文具乃至着装等必要的前期工作却还没有准备好,让客户印象大打折扣。

人力资源部为强化考勤管理,不惜往每个售楼处都派驻一名现场考勤员,可三个月下来,迟到现象依然如故。看来不加大奖罚力度是不行了!于是公司设立全勤奖,重奖全勤者,同时对迟到者加大经济处罚力度。原本以为可以收到令行禁止的效果,可没想到的是,售楼小姐对此反应冷淡:你罚你的,我晚我的。

笔者通过调研发现:售楼小姐的薪资采用的是低底薪+高提成,做成一单提成非常高,考勤的那点奖罚根本入不了她们的法眼,因而用"奖金"或"罚金"来管束考勤的做法一点用都没有。怎么办?

解决办法很简单,售楼小姐们真正在乎的是什么?客户下单量!而客户下单量又取决于接待客户的多少。所以,一条规定解决问题:"售楼部员工每天排号接待客户,排号顺序遵从每天的到岗顺序"。这条规定后来被称之为

"接单顺序考勤制度"。

新的规定一经实施,顿收奇效,售楼小姐们一个比一个到的早,而且自发组织纠察队,维持顺序,以免有人"插队"。公司既不需要设立考勤员,也不需要设立全勤奖,就自然实现了员工准时出勤。

不考勤!

事实上,"年假储蓄制度""考勤连坐制度""考勤乐捐制度""Cosplayer 考勤制度"以及"接单顺序考勤制度",只是众多考勤制度设计中的一小部分。除此以外,对于不同行业、不同发展阶段、不同规模、不同员工构成、不同文化生态的企业,还可以有着更加多样化的设计,但设计的准则只有一个:适合自己。世界上,每片树叶都是不同的,每个企业也是不同的。管理制度,适合自己的就是最好的。

一家电缆制造企业,老总六十多了,非常敬业。一年到头,除了个别时候出差在外,总是第一个来厂里,最后一个离开,习惯成自然,准时如钟表,即使患上了头疼脑热之类的小病,也仍然风雨无阻。

但许多年轻员工却没有那么自觉,每天上班总是稀稀拉拉,晚来早走、迟到早退更是家常便饭,还经常和人事部的考勤专员起冲突。

鉴于这种情况,笔者给该企业提出的考勤制度建议是:**不考勤**。每天上班时间,老总就在厂门口,迎接每一位来上班的员工,向他们点头、微笑、问早;而下班时,老总则在厂门口欢送每一位下班的员工。春风化雨润无声,有形的迎送,无形的威慑,没有考勤,胜似考勤。

当然,制度设计也不能为了别出心裁而故作另类,即使是最简单、最原始的迟到早退罚款考勤方式,也有其广阔的适用空间和适用范围。一句话,选择什么样的考勤制度,要根据企业的具体情况,结合企业的管理理念去设定。

科学管理,不妨从科学的管理制度设计开始。

Chapter 4

第四章

从执行力
到制度设计

让企业管理制度自动被执行。

本章概览

笔者认为制度执行的最高境界是"自动执行"。实践中,要想制定出"可以自动执行的制度",须遵循制度设计的三项基本原则:"主体归位,利益内嵌""自组织,自管理""尊重历史,秉承传统"。在本章中,笔者以"主体归位,利益内嵌"的原则,帮助一家皮具经销公司,建立了可靠的销售激励制度,解决了他们颇为头疼的问题;以"自组织,自管理"的原则,帮助一家传统食品企业,化解了销售激励、费用管控与团队协作等"老大难"问题;以"尊重历史,秉承传统"的原则,帮助通通快递进行制度革新,解决了高管们以权谋私引发员工不满的问题。

"每个人都是自我利益的最好看护者。"[1]

——亚里士多德

我们先来看两个"史上最荒唐的规定"。

第一个荒唐规定是"怀孕计划报备制度"。重庆市北部新区高新园某公司的员工里年轻女员工居多，都到了结婚生子的年龄。隔三差五，不是这位通报怀孕，就是那位申请休产假。虽说理应对孕产期的女员工给予照顾，但公司也有难处，岗位设置一个萝卜一个坑，怀孕的人多了，谁来顶岗都成了难题，许多工作部署都被打乱。公司领导很是头疼，开会研究后，出台了计划生育报备制度，其中规定："女员工怀孕前三个月，必须向领导申请，经批准后方可怀孕。"换句话说，女员工要怀孕前，还得硬着头皮走进领导办公室："报告领导，我要怀孕。"三个月后怀孕未果呢？继续申请："对不起领导的关心，我没有怀上，还得继续努力。"[2]

第二个荒唐规定是"如厕申请登记规定"。宁波市鄞州区洞桥镇某公司领导发现，由于产品难计件，员工工作不积极，生产流水线上总有缺岗，少数员工甚至躲到厕所里面打电话、发短信、聊天、抽烟。为杜绝此类现象，公司推出一项新的规定：员工在上班时间内上厕所，必须向上级主管申请，经批准并办理登记手续后，方可上厕所。每天上厕所次数不得超过3次，超过4次予以警告，超过5次则罚款。[3]

这些荒唐规定，一个比一个雷人。但现实问题是：这两个荒唐规定，哪一个能得到执行？甚至被当事人自动自发地去执行？显然，"怀孕报备制度"虽然雷人，但仍有可能被执行（执行结果就另说了）；"如厕申请规定"不但不能被执行，而且在现实中早已屡见不鲜。

---

[1] 转引自孙国峰. 制度、交易成本与社会责任的关系 [J]. 兰州大学学报（社会科学版），2003, 31（2）：101~106.
[2] 陈国栋. 公司要求女员工怀孕必须提前三个月汇报 [N]. 重庆晚报，2008-12-11.
[3] 蒋振凤. 鄞州一公司职工上厕所要先申请 [N]. 现代金报，2008-12-16.

虽说是理所不容，可为什么荒唐的规定却能够得到执行，甚至能被自动自发地执行？这背后的深层次原由到底是什么呢？

一、"可以自动执行的制度"

制度执行的最高境界是什么？自动执行！

什么是自动执行？如果制度的参与方，无须外界的强迫和上级的督促，仍然能够自觉履行制度所设定的权利和义务，自动实现制度所设定的意图和目标，即可称这一制度为**"可以自动执行的制度"**。"可以自动执行的制度"是"我要遵守的制度"，而不是"别人要我遵守的制度"。

为什么会出现"可以自动执行的制度"？制度是社会关系的固化形式，而社会关系，特别是社会经济关系，首先作为利益表现出来。所以，制度不可避免地牵涉利益问题，影响到各方的利益追求，而各方的利益追求，反过来又影响到制度的贯彻执行。"可以自动执行的制度"正是提前将这一层因素考虑进来，借助当事人的利益追求和利益博弈，借风使船，顺水推舟，来自动自发实现制度设定的目标。

一项制度，例如"业务人员销售任务超额奖励办法"，如果付诸实施，只会有人从中获益，没有人利益受损，那么获益的人自然就会推动它的实施，制度也就获得了自动执行的可能性。当然，只是具有可能性，要将可能变为现实，还需具体筹划。

一项制度，例如"公司高管利润超额奖励办法"，如果付诸实施，各主要参与方——公司股东、董事会、管理层，出于自身利益考虑，只会有人赞成，不会有人反对。即便普通员工存在不同意见，但显而易见，各方力量的博弈结果，也会给它带来自动执行的可能性。只是要将可能变为现实，也需具体谋划。

一项制度，例如"员工加班调休办法"，如果付诸实施，虽然有违反相关法律之嫌，但管理层赞成，普通员工及其家属在劳动力供大于求、一岗难求的情况下，出于"饭碗"考虑，大多保持沉默。这时候，如果没有外来力量干涉，资本意志的强势地位也能使其政策意图得以贯彻执行，只不过要时不时打压利益受损方的干扰、抵制。

综上所述,"可以自动执行的制度"能被自动执行,不是因为制度自己长了腿,而是各方当事人推着它执行。具体来说,又分为两种情况:一是制度符合每个参与者的利益诉求,虽然这种情况较少见,但现实中确实存在;二是制度并不符合每个参与者的利益诉求,然而其"合力"的方向指向制度目标,制度同样也能获得自动执行。

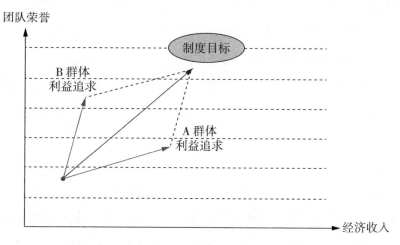

图4-3 "合力"指向目标,制度自动执行

以上只是理论探讨。实践中,要想真正制定出"可以自动执行的制度",还须遵循制度设计三项基本原则:"主体归位,利益内嵌""自组织,自管理""尊重历史,秉承传统",以下分别加以说明。

二、关键词1:主体归位,利益内嵌

要让制度自动执行,就得紧扣一个主题:主体归位,利益内嵌。

"要我做,我要做"

"主体归位",是把"要谁做"明确为"要我做";"利益内嵌",是把"要我做"转化为"我要做"。简单地说,制度中的每一项职责,都要有具体的人来负责；而职责履行的好坏，要直接关系到责任者的切身利益乃至身家性命。"主体归位"和"利益内嵌"是互为保障的：主体不明确，"责任者缺位"；利益不内嵌，"庙穷方丈富"。

有这样一个流传甚广的管理学故事：多年以前，某个王国组建了一只伞兵部队，伞兵用的降落伞是交由民营企业生产的，经常在安全性能方面出现问题。国王为此感到不满，下令生产方提升降落伞的品质。生产方使出浑身解数，终于使产品合格率达到了99.9%。当国王要求继续提升品质时，生产厂家们却推三阻四，反而辩解说："没有必要再改进了，能够达到这个程度已经接近完美了。任何产品都不可能100%合格，除非奇迹出现。"

然而，99.9%的合格率，意味着每一千次跳伞，必死一兵。更为糟糕的是，伞兵们谁也不知道自己会不会成为"千分之一的倒霉蛋"，因而在跨出机舱门的那一刻，心存疑虑，两腿发软，士气大受影响。

怎么办？国王没有同厂家"打嘴仗"，而是直接下令改变产品质量的检查方法：要求生产厂家定期送货到指定的机场，不许别人送，只有老板或总经理才有资格。然后从厂家交货的降落伞中随机挑选一件，让老板或总经理装备上身，亲自从飞机上跳下。跳下来活了，该批次都合格；死了，也不用争论产品合格不合格了。这个"蛮横不讲理的规定"实施以后，奇迹出现了：降落伞的不合格率立刻变成了零。

为什么制度一改，生产厂家们就不再推脱，而是"乖乖地"做好产品呢？原因很简单：这些企业老总，可以对每一千次跳伞必死一兵的现象漠然视之，但绝不会拿自家性命开玩笑。一旦"主体归位，利益内嵌"，让他们自己先当一回"伞兵"，体验成为"千分之一"的感受，厂家老总们自然不敢怠慢。这个故事未必是事实，但说明了"主体归位，利益甘嵌"确实能推动制度自动执行。

"责任除以二等于零"

"主体归位，利益内嵌"，还可以表述为"责任除以二等于零"。只要有可能，就应将制度中的责任由一个人"扛"，而不是分解到多个人，因为多人负责，往往就是没人负责。许多企业喜欢在管理制度中设定责任划分方式，按照不同情况，由甲岗位承担百分之多少，由乙岗位承担百分之多少……且不说事后甄别责任所需要花费的时间、精力，事先一旦这样设定，一个责任可以被除以二、除以三，一般人都会抱侥幸心理，指望别人能恪尽职守，自己懈怠点没关系。谁都这样想，结果反而出问题。所以，制度问责，板子最好只打在一个人身上。

笔者到一家餐厅就餐，明明点的是上汤苋菜，却端上来一盘清炒芥菜。我便和服务员理论，恰巧餐厅老板也在店里面，赶紧过来道歉并当即安排调换。笔者见老板人很和气，便聊了起来。问及原因，老板大吐苦水：也不知道怎么回事，餐厅三天两头就会出现传错菜、上错台、有异物等事故；隔三差五就被客人投诉，甚至拒绝埋单，损失不说，口碑还被搞坏了，老顾客都不愿意来了；虽然制定了很多相关制度，自己又在店里亲自坐镇，结果还是老出问题。

笔者要来餐厅的《菜品质量问题责任分担办法》，里面的规定很详尽，譬如其中的两条：

（1）已上桌菜品表面发现异物导致顾客退菜的，主厨承担40%的责任，传菜员承担30%，服务员承担20%，领班承担10%。

（2）上错菜导致顾客退菜而又无法区分责任的，传菜员承担40%的责任，服务员承担40%，领班承担20%。

笔者提醒老板：如此制度安排，问题不小。一项责任，由太多人分担，当事人自然心存侥幸，板子打在太多人身上，谁也不觉得疼。上述两种情况，面对顾客的是服务员，把最后一道关的也是服务员。如果她能及时发现，即使前道工序已经出错，但至少不会最终反映到顾客那儿，所以责任毫无疑问应该百分之百归服务员，除非她能证明自己完全履行了检查职责。当然，服务员的责任加重，就要在经济上给以合理的津贴，以使她具备承担相应责任的经济能力。

两个月后，笔者再去就餐。老板因情况趋好，高兴地给免了单。

基于"主体归位，利益内嵌"的销售激励制度

"主体归位，利益内嵌"，简单而又朴实。虽然朴实的东西往往为人们所轻视，但越朴实的东西越有力量。让很多企业都颇为头疼的销售激励制度问题，遵照这条朴实的原则，可以轻而易举地解决。

深圳市牛气皮具有限公司（应企业要求采用化名），是一家专门经销男式真皮皮具的企业。虽然皮具行业在一些营销专家的鼓动下，纷纷提出做品牌、做高端，但牛气皮具公司却反其道而行之，不再将皮具作为显示品位、装点身份、炫耀财富的象征，而是回归事物本质，皮具只是作为皮具卖。将原来作为奢侈品的真皮皮具，重新定位为快速消费品，从大型百货商场的豪华专柜中撤出来，并在价格上做了合理回归，在各家连锁超市里设立专架销售。

销售模式的小小调整，却带来了销售额的急剧增长和企业规模的快速扩大，两年之内公司产品便覆盖到四百多家超市门店，员工有上千人。

不过随着业务规模扩大，王总经理却感到管理上越来越费劲。以前还能叫得出每个员工的名字，熟悉他们的秉性爱好，哪些人该给胡萝卜，哪些人该用大棒，哪些人该提拔，哪些人该涨薪，闭着眼睛都门儿清。可现在，面对越来越多的生面孔，心里一片茫然。

在此情形下，我们的制度设计师受邀潜入公司，调研之后发现：公司架构是按照零售行业连锁经营的标准模板来设置的，1个店2~3个导购，5~6个店划为1个片区；1个片区1个经理，5~6个片区1个总监。导购销售得好，就有机会提拔为副经理、经理；经理管的片区销售额高，就有可能提拔为副总监、总监。晋升一级就涨一级工资，要涨薪，对不起，先晋级。

有问题吗？当然有，标准模板往往意味着照搬照套，意味着王明二世！首先，主体不归位，1个店2~3个导购，每个导购只对自己的销售负责，可谁对门店负责？其次，利益不内嵌，业绩考核只看销售额，可谁对费用负责？最后，晋升失偏颇，"销售英雄"就应该当官吗？做业绩和做管理毕竟是两回事，业绩好不等于管理能力强，而且业绩高手都去坐办公室了，留下来的都是些"老弱残兵"，一线怎么办？大家老说基业长青，可一个公司的基业在哪里？在基层，在一线！

怎么办？我们的制度设计师对公司组织架构和考核机制进行了变革，让企业的上层建筑真正服务于经济基础，基本思路如下：

（1）主体归位：每个门店设置一名店长，店长也是导购，但是除了自己的销售额外,还须对门店的店务、销售、成本、费用等负责。

表 4-1

职务	责任范围	主要职责	编制	直属上级
导购	对个人工作负责	做好店内各项事务；销售货品	平均每店 1~3 人	店长
店长	对本店工作负责	管理协调店内各项事务；带动性地做好门店销售；做好店内的客勤工作；导购的传、帮、带	1 店 1 人	经理
经理	对片区内所有门店的销售和形象负责	指导、监督店长工作；片区协调与管理工作	10~12 门店 1 人	总监
总监	对大区内所有片区的销售和运维负责	指导、监督经理工作；系统性的运筹管理；门店评估与新店拓展	10~12 片区 1 人	总经理

(2)利益内嵌:奖金提成不再只与销售额挂钩,而是重点考察新增销售额或新增销售利润。

导购重点考察其个人新增销售额,以其 PK 排名决定提成系数。

月度提成 = 当月销售额 × 月度提成系数

表 4-2

同一片区个人新增销售额 PK 排名	月度提成系数
1	6.0%
2	5.8%
3	5.6%
4 及 4 名以后	按以上比例依次递减

譬如张三和李四两名导购。张三在一家好店,销售额每月 10 万,但他不思进取,新增销售额为零,排名最后一位,提成系数只有1%,奖金1000元。李四喜欢挑战,迎难而上,自愿去一家差店,月销售额开始只有 1 万,但他拼命努力,很快做到 2 万,新增销售额在整个片区中排名第一,提成系数则为 6%,奖金 1200 元,反而比张三多。

对于店长,重点考察其门店新增销售利润(扣除门店层面的各项费用,如客情、库存、损耗等费用），经理重点考察其片区新增销售净利润（扣除片区层面的各项费用，如交通、财务、杂费等费用），同样也是新增部分PK排名决定奖励系数。

（3）官财脱钩：涨薪和晋级彻底分开，涨薪重点考核新增业绩，晋级重点考核管理能力。能当官的当官，不能或不愿当官的就让他发财。

涨薪主要考核新增业绩。任何员工，一年当中连续6个月或累积9个月的PK排名都在前三位，底薪自动升一级，反之则相反。

晋级主要考察管理能力，实行辅职晋级制，取消副职实行辅职。辅职不离开原有岗位，譬如店长升为副理店长，仍然是店长，一方面承担原有工作；另一方面作为上一级储备人才，有资格协助上一级的一些工作，并从中得到历练，待上一级职位空缺时予以晋升。

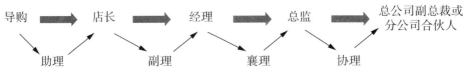

图 4-4 辅职晋级制示意图

既是考察管理能力，就要选取相应指标。可是像评比"三好学生"那样，做"德勤能绩"之类的泛泛考察，对提升企业经营水平没有实质意义。管理能力考察也要聚焦，重点选取企业现阶段最欠缺，已经成为企业发展"瓶颈"的那些关键管理能力指标，以考核来促进企业管理能力的改善和提升。而该企业亟待改善的"管理短板"，是目标管理能力和店务管理能力。

先来看目标管理能力。连锁销售企业中，总部往往根据各门店的销售目标确定进货数量，可门店为保证自己货源充足，销售不断档，宁可多报一点，多进一点货，积少成多，导致总部的库存大得惊人。公司总部也曾试图引入信息系统和库存管理专家来解决这个问题，但效果不佳，因为真正掌握市场状况和动向的，还是一线的销售人员。

如何让下面准确报出"跳一跳才够得着"的目标呢？其实很简单：

①目标提出：每月月初，各级员工自行提出当月的业绩目标增长率，增

长率每高于6%的，加1颗星星。

②目标达成：到了月底，各级员工的目标达成率与加总后的公司平均目标达成率相比较。每超过公司目标达成率12%的，加1颗星星；每低于3%的，扣1颗星星。

实际上，员工自己就能算出，选择高报低走（报得高高的，最后达不成，扣星星数更狠）或低报高走（报得低低的，最后拿超额，加星星数更难），都不如准确上报、努力达成得到的星星数多。

表 4-3

员工提出的目标增长率	≥6%	★		
	≥12%	★★		
	≥18%	★★★		
员工目标达成率—公司平均目标达成率	≥12%	★	≤-3%	-★
	≥24%	★★	≤-6%	-★★
	≥36%	★★★	≤-9%	-★★★

为使大家理解，以张三这名导购为例，他这个月销售了10万，自觉下个月有把握实现12万。在此情形下，他报出不同的销售目标，所获的星星数有何不同（假定公司所有人的目标达成率平均为96%）？

表 4-4

自报下月销售目标	所报目标增长率	报目标的星星数	实际完成	目标达成率	与总达成率相比（96%）	达成目标的星星数	最后所获总星星数
10万	0%	+0	8万	80%	-16%	-5	-5
			10万	100%	+4%	+0	+0
			12万	120%	+24%	+2	+2
			14万	140%	+44%	+3	+3
12万	20%	+3	8万	67%	-29%	-9	-6
			10万	83%	-13%	-4	-1
			12万	100%	+4%	+0	+3
			14万	117%	+21%	+1	+4
14万	40%	+6	8万	57%	-39%	-13	-7
			10万	71%	-25%	-8	-2
			12万	86%	-10%	-3	+3
			14万	100%	+4%	+0	+6

显然，张三如确有把握实现12万的目标，报12万是最合算的，报低（10万）或报高（14万）都不如报准（12万）所获星星数多。

店务管理能力考核情况大体相仿，也是依考核结果增减星星数。另外，直属下级有晋级者，每晋升一人也加相应星星数，反之则相反。

星星数用来干吗？既然是管理能力考核，自然是用于各级员工的晋级。导购获得20颗星星即自动晋级为助理，店长获得60颗星星即自动晋级为副理，依此类推，不需要谁审批。晋级之后就有资格辅助上一级的工作并从中得到历练。

实职空缺，获得星星数最多的辅职优先晋升，且核销晋升所需的星星数，譬如某副理店长积攒了80颗星星，排第一，当另一片区的经理职位出现空缺时，则自动晋升为经理，并核销晋升所需的60颗星星，剩20颗星星。换言之，他用60颗星星换一顶经理的乌纱帽。

不愿晋升的怎么办？没关系，以其所攒星星数兑取年终奖。公司建立年终奖金池，每年按照总星星数算出每个星星所代表的奖金数。愿意发财的用其星星数兑换年终奖，不愿意兑换的则可继续攒星星，以备未来晋升之用，同时年终奖也就留在公司奖金池中继续滚存。

一句话，发财的发财，当官的当官。涨薪、晋升再也不用看老板的脸色了，而是取决于一套自动自发运行的机制。

三、关键词2：自组织，自管理

现代系统科学给我们揭示了一条普遍规律：自组织的活力要高于他组织，自管理的效率要高于他管理。

人们平常说的管理，其实是指"他管理"——他管我，我管你，上级管下级，一级管一级；"自管理"则指自我管理——自己管自己。

传统的管理思路，无外乎是聘请一些职业管理精英，对员工进行指挥、协调、监督、检查和控制，也就是"他管理"。但是，所有对人的管理，其起点一定是被管理对象的自我管理，他自己管得好自己，你管他干什么？他自己管不好自己，你才需要管他嘛！为什么我们不返璞归真，立足自管理，构建自管理；而非要舍本逐末，舍近求远，去绞尽脑汁、想方设法强化他管理呢？

管理的最高境界是无为而治，无为而治的理念核心正是自组织、自管理。"群众是真正的英雄"，自组织、自管理，给员工们留下了自由发挥的空间。让员工们自觉自愿，自己激励自己、自己约束自己、自己主动协助同事，各司其职、齐心协力，实现组织的目标。这是因为：没有什么激励，比自己激励自己更强烈；没有什么约束，比自己约束自己更牢靠；也没有什么协调，比自己协调自己更有效。人不管，制度管；自己管，管自己；管得少，管得好。

太理想、不现实？那让我们看一个现实当中的真实案例。

2006年9月27日，是深圳景轩酒店这家五星级酒店最为黑暗的一天。公司高管们集体玩失踪，卷款"跑路"，拖欠员工工资和押金300多万元，拖欠水电煤气费和供应商货款400多万元，公司账上的流动资金，只剩下0.25元！当此危难关头，165名员工选择了留守，齐心合力，奋起自救，在政府帮扶下，以有条不紊的运作和热情的服务留住了客人。经过半年时间的运营，酒店不但没有倒闭，而且逐步复苏。[1]

这个极端的例子说明："自管理"一旦被激活、被启动，任何的管理奇迹都有可能被创造出来，而且效果一点儿也不亚于"他管理"。

科学高效的管理制度，一定是趋向自组织、自管理的，因为员工内在的积极性和创造性，才是企业活力的真正源泉，而这种积极性和创造性，只能出自员工内心而不是外在的强迫。更何况采用自管理，还会省却许多管理成本，仅就制度执行、监督、协调等成本而言，自组织、自管理相比于他组织、他管理，成本要小得多，经济得多。

"自组织、自管理"，具体到每一个员工身上，则呈现为：

自激励：员工自觉自愿地去做组织希望做的事；

自约束：员工自觉自愿地不去做组织不希望做的事；

自协同：员工自觉自愿地协助同事或组织内的其他部门。

---

[1] 李晓锋，郑健阳. 员工救活一座五星级酒店 [N]. 深圳商报，2006-11-13.

管理制度设计需要遵循一些基本原则，但必须摆在首位的，就是"三自原则"（自激励、自约束、自协同）。遵照"三自原则"，我们很轻松地解决了另一家企业的销售激励、费用管控与团队协作问题。

天津市瑞华轩饼业公司（应企业要求采用化名）是一个老字号的传统食品企业，产品主要供应本地超市和批发部。在2001年之前的两年间，该公司销售额徘徊不前，销售经理换了两任也不见起色，市场份额不断下降，生产线开开停停，企业挣扎在亏损线上。董事长无奈之下，只好请笔者帮忙，再三邀请笔者去企业帮忙看看销售方面的症结所在。

接受邀请后，笔者"假模假样"地通过求职、应聘，潜伏到公司销售部门干了大半个月，结果发现：作为老字号，公司产品在品牌、质量、口味、品种、花色等各方面，客户还是非常认可的；定价也是向市场看齐，随行就市，并不比那些不知名的竞争对手高；问题不是出在产品上，而是出在人身上，出在销售部门的人身上。该公司的问题主要表现为：

（1）激励不足。销售人员实行"底薪加利润提成"，资格越老，工龄越长，底薪越高，低的一千，高的四千；而提成却是统一的2%，提成比例过低，导致业务员没有太大积极性去开拓市场，发展客户。

（2）约束过软。公司内部普遍缺乏成本意识，招待费、礼品费、差旅费，有发票就能报销，而销售部门尤为突出。以手机话费为例，每个业务员每月有300元固定话费补贴，无论业绩好坏，照发不误。

（3）协作匮乏。业务员之间没什么协作，彼此不抢单、不拆台就算不错了。公司虽然推行"师傅带徒弟"的政策，可师傅带出来的徒弟，除了学会端茶倒水擦皮鞋，业务上得不到任何指导。老人欺负新人，但由于业务的半壁江山都掌握在那些老业务员手中，坐地为王，动辄以离职跳槽、带走客户相威胁，公司也不敢严加管束。

针对销售部门存在的问题，结合企业实际及其行业特点，考虑到多数销售人员对经济利益看得较重，笔者经过与管理层多次会商，在现有利益分配格局的基础上，根据"自激励、自约束、自协同"原则，对现有销售制度进行了合理改造，使之具有了"自动执行"的属性。

基于自激励的自选薪酬套餐制度

国内企业在销售激励方面，采取的大多是"底薪加销售提成"或"底薪加利润提成"的方式，但在底薪和提成设置上，却往往照搬行业惯例，而不是从企业实际出发，从而导致销售激励反而起不到激励销售的作用。

真正的思考，是在"不疑处去质疑"。先来看底薪，为啥要设置底薪？惯常的说法：底薪是基本生活保障，以增加销售人员的安全感和归属感；而且老员工的底薪高，似乎也是理所当然的。可疑问马上产生了：如果底薪是基本生活保障，那么最需要保障的，应当是那些既没有什么客户资源也没有什么经济基础的新人；老业务员有客户、有人脉，高底薪加稳定提成，只守着老客户，日子也照样过得很滋润，没有什么劲头去开拓新市场。高底薪的安排，虽然留住了老业务员，却磨掉了他们的锐气，将驰骋山野的猛虎养成了守着食盆的波斯猫。

再来看提成，为什么要设置提成？提成本意是要调动销售人员的积极性，而且新、老员工提成比例一样，似乎也是天经地义的。可还是疑问重重：一般而言，发展新客户，要比维护老客户，难度大得多；开辟更远的销售区域，要比耕耘自家门口的市场，难度大得多。提成比例相同，实际上是假定销售人员销售每个单位的产品所付出的努力都是相同的。这样一来，新员工花费十倍的气力，却往往只能拿到老业务员提成的一小半，致使他们心灰意冷甚至走人，留下来的反而是混日子的或者投机取巧的，典型的劣胜优汰。

最后来看提成依据，为什么提成要与利润挂钩？以利润作为提成依据，显然是为了控制销售费用，促进高毛利产品销售。可依然让人疑窦丛生：这种提成方式有效运转的前提，是销售人员都要考取注册会计师，都拥有足够的财务知识和企业财务信息，这怎么可能？如果产品相对简单，利润相对透明，销售人员还能理解，否则肯定心怀疑虑：老板是"周扒皮"，不知怎么算的，七算八算，又把我的提成给算没了。

销售人员底薪和提成到底多少合适呢？"无（低）底薪＋高提成"是受老板欢迎的，便于企业控制成本，同时能极大激发业务员的积极性，但缺点也很明显,新人难招,员工忠诚度低,流失率高;"高底薪+低提成"则反之,养着人不出活;"中等底薪+中等提成"说好听点是中庸之道,说难听点是"高不成低不就"。左右都不是,怎么办?

我们从瑞华轩公司具体实际出发(刨去销售提成,2001年销售利润率约为20%,两个老业务员月销售额稳定在10~15万元,普通业务员约5~6万,新业务员约1~3万),根据自激励原则,设计出一套可自选提成模式的薪酬制度,即薪酬方案套餐。将激励方式的选择权交给销售人员,由他们根据自己的实际情况,每年自行选择一次。

表4-5

月销售额（万元）	金牌序列提成比例	金牌序列月收入	银牌序列提成比例	银牌序列月收入	铜牌序列提成比例	铜牌序列月收入
0	4.5%	0	3.0%	1000	1.5%	1500
2.5	4.5%	1125	3.0%	1750	1.5%	1875
5	4.5%	2250	3.0%	2500	2.0%	2375
10	4.5%	4500	3.5%	4250	2.5%	3625
20	5.0%	9500	4.0%	8250	3.0%	5625
30	5.5%	15000	4.5%	12750	3.5%	9125
40	6.0%	21000	5.0%	17750	4.0%	13125
50	6.5%	27500	5.5%	23250	4.5%	17625

(1)选择金牌业务员序列的,实行"无底薪+高提成"。

具体来说,月销售额10万元以内,提成比例4.5%;10~20万元,提成比例5%;20~30万元,提成比例5.5%;依此类推,直至120万以上,统一按10%来发放提成。

显然,这一方案适用于那些已经稳定拥有较多客户资源并且还有较大潜力的老业务员。现有薪酬模式按销售利润提成(统一为2%),月销售额10万,收入为4000+10万×20%×2%=4400元;月销售额20万,收入为4800元;月销售额30万,月收入为5200元。而在新方案中,按照销售额提成,月销售额10万,收入为4500元;月销售额20万,收入为9500元;月销售额30万,收入则激增至15000元。

（2）选择银牌业务员序列的，实行"中等底薪＋中等提成"。

具体来说，月底薪1000元，月销售额5万元以内，提成比例3%；5~10万元，提成比例3.5%；10~20万元，提成比例4%；依此类推，直至120万以上，统一按9%来发放提成。

显然，这一方案适用于那些拥有部分客户资源和一定经验的普通业务员。现有薪酬模式下，底薪2000元，月销售额5万，月收入为2000＋5万×20%×2%＝2200元；月销售额10万，月收入为2400元；月销售额20万，月收入为2600元。而按照新方案，底薪1000元，月销售额5万，月收入为2500元；月销售额10万，月收入为4250元，月销售额20万，月收入则激增至8250元。

（3）选择铜牌业务员序列的，实行"高底薪＋低提成"。

具体来说，月底薪为1500元，月销售额2.5万元以内，提成比例1.5%；2.5~5万元，提成比例2%；5~10万元，提成比例2.5%；10~20万元，提成比例3%；依此类推，直至120万以上，统一按8%来发放提成。此外，铜牌业务员序列选择时限只能为一年，一年后必须升级。

显然，这一方案适用于那些拥有少量客户资源的新业务员。现有薪酬模式下，底薪1000元，月销售额2.5万，月收入仅为1100元；月销售额5万，月收入也只有可怜的1200元。而按照新方案，底薪1500元，月销售额2.5万，收入为1875元；月销售额达到5万，月收入则变为2500元。

新的薪酬套餐制度实行多种模式并行，由员工自行权衡和选择，并在三个序列之间设置了两个转换关节点——月销售额3.75万元和月销售额7.5万元。在此之前，多拿底薪合算；在此之后，多拿提成合算。从而诱导老业务员选择无底薪高提成，激发老员工潜力；同时也为新员工提供一段时间内的较高生活保障，有利于新员工的培养。

分段递增提成则放大了激励力度。许多企业实行固定比例提成，月销售额10万元，提成比例为3%，销售20万元，还是3%。这属于"匀速激励"，要想让业务员加速向前进，就要给予"加速激励"。

此外，为进一步强化新客户开发激励力度，在已有激励基础上，新客户销售未来一年的提成比例再提高20%，一年后按老客户对待。

由于新的薪酬制度保证了不同序列的业务员月收入比原来只多不少，加之给予三个月的新旧模式转换缓冲期，因而得以顺利实施。一年后，瑞华轩公司的年销售额增长迅速，翻了两番。三个选择金牌序列的业务员，月收入也分别激升至1.1万元到2.3万元不等。

当时管理层也曾质疑："如果金牌业务员月销售额达到120万元，提成最高每月能拿12万元，太恐怖了，企业岂不是给业务员打工了？"对此，笔者解释道："公司少赚点，换来大发展。不要光在嘴上说把蛋糕做大，如果分配不向那些能把蛋糕做大的人倾斜，蛋糕是做不大的。一个人能干十个人的活，那就干脆让他拿十个人的收入，企业还省了一堆人头和管理费用。业务员月收入12万元的背后，是为使销售额增长12倍所付出的百倍艰辛，是使企业利润增长8倍或更多（规模效应）所付出的千万努力，而且从此忠心耿耿，不再三心二意。"

基于自约束的累进递退报销制度

约束，在一些管理者看来，就等同于管束、惩戒，言外之意是：他管不住自己，我就要管他，包括必要的惩罚。可是，如果他管得住自己，还管他干什么？那么，如何才能让他自己管得住自己呢？

2001年前后，因为通讯费用在办公费用中所占比例较高，许多公司都有这样一条规定：凡公司报销话费的手机（含小灵通），每天接打私人电话不得超过多少次，每次不得超过多少分钟，否则，如何如何！看似合理，实则荒唐，管得住吗？即便管得住，又要打印话费清单，又要查验话费清单，又要领导签字，又要财务审核，累不累呀？

瑞华轩公司原来对业务员采用话费包干制，即每个月固定300元话费补贴，省心固然省心，但问题也不少。本来是工作所需，却成了个人的一项收入，用自个家的钱心疼，自然能省则省，可打可不打的联系电话就不打了，而这种联系电话恰恰有可能带来新订单，正所谓"有心栽花花不开，无心插柳柳成荫"。因此，费用包干制实际上会阻碍业务员开发新客户，只是销售提成激励将这一矛盾掩盖了。

经过与管理层讨论，笔者在原来话费标准的基础上，增加了累进递退的动态控制机制。不再作公话私话区分，而是将约束自身行为的主导权交给销售人员，让他们自己管好自己。具体规则设计如下：

（1）业务员手机话费，须持运营商出具的正式发票，方能报销。

（2）业务员话费报销额度与月销售额挂钩，为月销售额的0.3%。例如月销售额10万元，报销额度为300元。

（3）超出话费额度的，公司仍然给予报销，但实行累进递退的报销方式，即报销金额每超出额度100元，报销比例递减10%。例如，话费额度300元，超额100元以内，报销90%，报400元实得360元；超额200元以内，报销80%，报500元实得400元；依此类推。

（4）低于话费额度的，结余部分的50%返还给当事人。

（5）话费额度内的报销无须领导审核，特殊情况方须上报。

以上规定，明显是"下宽上窄"，即限额以内，非常宽松，超过限额，极为严格，但也不是一棍子打死。制度设定的出发点，是促使业务员们既放手拓展业务，同时又自行把握分寸。

基于自协同的"师傅带徒弟"制度

在讨论自协同之前，不妨考察一项天才的机制设计——传销。

传销，可谓是人人喊打的"过街老鼠"，生命力却极旺盛；屡查不绝，屡禁不止；野火烧不尽，春风吹又生。从种子长成毒株，固然有其生根发芽的社会土壤，也必然有其顽强生长的内在机制。这种"恶"的机制如此坚韧绵长，如果能够化毒为药、恶为善用，运用到管理制度设计中去，远比那些神圣的理念、高尚的教条，来得更可行。正如在中医大师的眼里，药即是毒，毒即是药，就看怎么用。

传销的核心机制，是"金字塔式计酬"，上线不仅能从下线身上赚取收入，还能从下线的下线（乃至下线的下线的下线）手里分取一杯羹。唯因如此，加入传销的人，个个都像打了鸡血针，希望层层发展下线实现不劳而获的梦想。孙子辈从重孙子辈那儿收来钱,留下一部分,然后孝敬给儿子辈;儿子辈留下一部分,然后孝敬给老子;层层上交,层层扒皮,最终形成祖爷爷辈的资金聚敛。

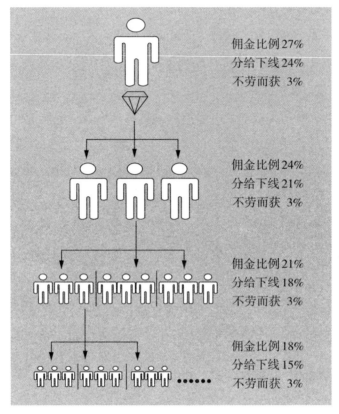

图 4-5　传销组织的金字塔式计酬机制

在传销组织中,上线为了自身收入,对下线的"辅导"和"帮助",全心全意、尽心尽力到了走火入魔的地步,下线对于下线的下线也是如此。一句话,这些人是自觉自愿地维护着组织体系的"精诚团结",督促着组织成员的"共同进步",推动着传销组织事业的"发展壮大"。这种团结协作的劲头儿,是正常企业内部的正常协作难以比拟的。

参考传销的上下线关系,笔者对瑞华轩公司销售人员的"师傅带徒弟"机制进行了改造。在原有制度安排下,师傅和徒弟之间的联系纽带,完全基于伦理和情感,没有什么利害关系。师傅愿不愿意教,认不认真教,全凭他个人的好恶，公司管不了。而新的制度设计是：

（1）师徒之间双向选择，且须每年一换，以避免师傅自身的不足影响徒弟的持续成长，同时也在一定程度上瓦解了形成派系的可能。

（2）师傅带徒弟的这一年当中，徒弟新增的月销售提成的30%归师傅，同时公司再配发同等数量的奖金给师傅，以感谢师傅对公司人才培养做出的贡献。

譬如，新来的大学生小张，选择铜牌业务员序列。未跟随师傅时，月销售额1万元，提成比例1.5%，提成为150元，当月收入1650元；跟随师傅一段时间后，月销售额达到了5万元，提成达到1000元，新增销售提成为1000-150=850元，则师傅当月奖金为$850 \times 30\% \times 2 = 510$元，徒弟月收入也从1650元变为2245元。由于实行分段递增提成制度，徒弟的销售业绩增长越快，师傅所拿的奖金愈高。

（3）以徒弟当年新增销售提成月平均为基数，第二年每月按此基数分20%给师傅，第三年分10%，逐年递减，直至为零。公司同样配发同等数量的奖金给师傅。

譬如，徒弟跟师傅的一年间，平均下来每月新增提成为1000元，则师傅当年月平均奖金为$1000 \times 30\% \times 2 = 600$元，第二年为400元，第三年为200元，第四年就没有了。这是考虑到师傅传授的销售经验、技巧与方法，一方面会长期产生效果，另一方面效果也会衰减。

（4）在此期间，如果徒弟主动离职，则停发师傅的分成与奖金；如果师傅走人，自然什么分成和奖金都没有了。

如此一来，一个徒弟跳槽，可能牵连到多位师傅的分成和奖金；而师傅离职，也要掂量掂量每个月固定的分成和奖金。"师徒如父子"，情分牵扯加利益钳制，千丝万缕又盘根错节，这种多重的关系网络，无形当中起到了稳定销售队伍的作用。

由于师傅的培养效果是直接用徒弟的销售业绩去检验，所以无须什么培训评估；同样，由于师傅的分成和奖金直接与徒弟的销售业绩挂钩，好比传销中的上下线关系，因而达到的协作效果也是相似的。

四、关键词3：尊重历史，秉承传统

管理制度设计不到万不得已，不搞推倒重来，改良胜于革命。

制度的形成，通常有两种途径。一种是自上而下的、理性的人工建构，是人们基于给定目标，发挥自身的主观能动性，运用科学方法设计出来的正式制度；另一种是自下而上的、草根的自然生成，人们在组织内部无数次的碰撞中，会自然而然将某些关系模式、工作方式固定下来，就形成了非正式规则。非正式规则大多有意无意地遵从了事物发展规律和文化习俗传统，往往具有极强的现实合理性。

没有明文规定的地方，早已有草根规则在那儿运行。所以，制度设计，从来不是在一张白纸上画画，而是在既有规则基础上的调整、改造、升级，自然需要对既有规则及其产生的历史背景、改革的现实条件进行深入了解，大量借鉴和吸收既有规则中的合理成分。这即是管理制度设计需要遵循的一项基本原则——**尊重历史，秉承传统**。

事实上，每个能活下来并且还能活下去的企业，现有的管理制度体系肯定有其合理之处。建构新制度，不能对过去的东西"一废了之"，特别是对原有规则下形成的企业内部关系格局和企业内部利益格局，一定要予以尊重并谨慎处理，尽可能地做到"既得利益不动"。这样才能尽量减少"革故鼎新"的阻力，确保新的管理制度顺利地实行。

上海通通快递总公司（应企业要求采用化名），2008年时遇到了一件烦心事：公司高管们以权谋私，中饱私囊，个个肥得流油；下面的普通员工轮不上机会，议论纷纷，怨声载道。

通通快递跨区域的运输车辆，叫干线车，由总公司负责。最初，本着"轻资产运营"的思想，总公司将干线车运输都外包给了第三方运输车队或运输个体户。考虑到半挂大货车跑长途，每天十多个小时连轴转，车辆磨损非常大，同时为吸引更多社会车辆合作以满足通通快递每年翻番增长的业务量，所以公司支付的运费很高。刨去燃油、保险、人工、折旧等费用，每辆车每个月差不多都能净落1~3万元。

很快，公司高管们就从中发现了巨大的"商机"，纷纷筹钱买车，交给总公司车队，投入线路运营。赚来的钱再滚动投入，地位越高、权力越大，抢占的"商机"就越多。譬如公司常务副总一个人投放的干线车就有38辆，以每辆车2万元净收入计算，每个月就有76万元的额外收益。公司所发的那点奖金和分红根本就不入他的法眼，每天上班只是东屋串串门、西屋聊聊天。之所以不回家抱孩子，只是因为怕一旦不在位置上，别人就会觊觎那38辆干线车的运营权、收益权。而普通员工轮不到这样的"赚钱机会"，自然怨气冲天。怎么办？

一位管理专家向通通快递老总进言，对于高管们这种营私舞弊、权力自肥的行为，一定要严厉查处、毫不手软。收回干线车运营权，绝不能放任其腐化和败坏公司风气；否则，"长此以往，国将不国"。

笔者知晓后，赶紧叫停了这一幼稚想法。公司高管们的行为固然不端，但既得利益格局已然形成。如果贸然去动高管们的奶酪，甚至连锅都端掉，他们肯定奋起反抗，整个公司就会鸡飞狗跳、鸡犬不宁。

问题怎么解决？考虑到通通快递每年都需要新增大量的干线车，遵照"尊重历史，秉承传统"的原则，笔者设定新的游戏规则如下：

（1）既得利益不动：原有干线车的运营权和收益权，无论此前以什么方式获得，放在谁的名下，只要申报，予以合法化并加以保护。

（2）增量调节存量：每年新增的干线车运营权，通过平时努力工作所积累的积分换取。无论哪一级员工，只要积满一千分，就可以换得一辆干线车的运营权；反之，负一千分，就得移交出去一辆干线车的运营权。当然，高管们的分值系数更高一些。

通过这样一种制度变换，就将以往高管们营私舞弊的手段转化为激励员工的方法，公司还不用额外拿出奖金。由于普通员工也有机会获得干线车的运营权和收益权，"不患贫而患不均"，原来引发牢骚满腹、怨声载道的源头，现在变成了努力工作的动力。

最明显的变化就是公司常务副总，原来对本职工作不上心，自从实行新的制度以后，为了获得更多积分以换取更多干线车的运营权，总是最早一个到公司上班，最晚一个下班。一年后，他名下的干线车数量从38辆增到46辆，但整个公司的干线车运营数量增加了一倍。

Chapter 5

第五章

从博弈论
到制度设计

调整博弈结构,就可以得到新的制度。

本章概览

　　一个企业，从高管到员工，大家来自五湖四海。你有一个想法，我有一个想法；你的想法会影响我，我的想法会影响你……纠结缠绵，直至影响了企业的管理制度。这涉及"博弈论"这一概念，在本章中，笔者深入浅出地讲解了"博弈论"的相关知识。笔者认为任何一种博弈，都包含了主体、策略、次序、信息、收益五个因素，调整这其中的任何一个因素，就可以得到新的制度，这就是管理制度设计第二种简便办法——"弈化"。笔者曾经用"调整博弈收益"的方法，帮助一家大型百货商场一举扭亏为盈，并成长为区域内的商业地标。

> "辩证方法,是要我们把社会看作活动着和发展着的活的有机体。"[1]
>
> ——弗拉基米尔·伊里奇·列宁

细心的读者可能留意到,本书第一章所讲的两个例子——"二人分饼"和"七人分粥",为求分得公平,解决办法都是"分的人最后一个拿"。但在"七人分粥"里,还需先做一步预处理——"分粥和领粥随机抓阄";而在"二人分饼"里,则无须预处理,谁分都行。

为什么会有此不同?原因在于,这两个例子所含的博弈类型其实是不同的。"二人分饼"是静态博弈,一次玩完拉倒;"七人分粥"是动态博弈,每天都要玩。二者要达成博弈均衡,所需条件是不同的。

管理制度设计离不开博弈论,那什么是博弈论?博弈论英语原文是 Game Theory,翻译过来本应是"游戏论"。可能翻译者觉得这种说法太过直白,一般老百姓都听得懂,怎能显出专家的水平来,于是翻译成了晦涩难懂、貌似很有学问的"博弈论"。可见,博弈论其实就是"游戏论",以下象棋为例:"下棋看三步",对弈者为了取胜,需要不断地相互揣摩。甲出子的时候,需要仔细揣度乙的想法;而乙出子的时候,也得慎重考虑甲的想法。所以甲还得想到乙在想他的想法,乙也得想到甲想到了他在想甲的想法……博弈论就是要找出其中的思考逻辑和变化规律,以帮助游戏玩家在错综复杂的相互影响、相互制约中,选出最有利的策略,做出最合理的决策。

因此,博弈论主要研究决策主体行为相互影响、相互制约时应当如何决策的问题,说得更简单一点,就是研究"决策纠结"问题:你的决策会影响我,我的决策会影响你,纠结缠绵中应当如何决策?

任何一种博弈,只需五个因素就能描述清楚:

主体(Players)——"谁"(Who)来玩游戏;

---

[1] 列宁选集:第 1 卷 [M]. 北京:人民出版社,1972:54.

策略（Actions）——以"什么"（What）来玩游戏；

次序（Strategies）——每个人"何时"（When）行动；

信息（Information）——知道"哪些"（How many）别人的情况；

收益（Utilities）——玩完游戏，他们得到"多少"（How much）；

博弈论的数学表达式：G = {P, A, S, I, U}，经常也会简化为：G = {P, S, U}。G、P、A、S、I、U 依次为博弈论、主体、策略、次序、信息、收益的首字母。

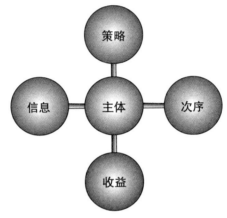

图 5-1　博弈分析五大要素

根据博弈五大构成要素的不同，就能划分出不同的博弈类型。

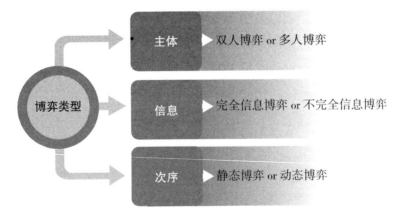

图 5-2　博弈的不同类型

那么，"二人分饼"和"七人分粥"的博弈类型到底有什么不同？为什么会影响到制度设定？要回答这两个问题，我们需要从"游戏"开始讲解，因为没有游戏，就没有博弈论，也就没有管理制度设计。

一、囚徒困境

张三、李四两名嫌疑犯一起作案后被警察抓住，分别关在不同的屋子里受审，二人之间不能互通消息，每名嫌犯都面临着坦白和不坦白两种选择。警察告诉他们：两人都坦白，各判5年（-5）；两人都不坦白，各判3年（-3）；一人坦白另一人不坦白，坦白的一方会被从轻发落，当庭释放（0），不坦白的一方则会被重判8年（-8）。结果会怎样？

表 5-1

		李四	
		坦白	不坦白
张三	坦白	-5, -5	0, -8
	不坦白	-8, 0	-3, -3

从表中不难看出，两人订立"攻守同盟"，都不坦白，各判3年（-3，-3），才是最佳的选择。但张三会想：如果我坦白，李四你就在牢里待8年吧，我先出去了。问题是李四也会这么想，双方都有背叛"都不坦白"这一约定的强烈动机，所以最后的结果是：两人都坦白。

为使读者更加明了，我们再从个体角度出发做一次分析。先来看张三，他会作何选择？他会分两种情况分析：李四坦白，李四不坦白。

在李四坦白的情况下，如果张三也坦白，会被判刑5年；如果不坦白，则被重判8年。判5年总比判8年好，坦白要比不坦白好！

表 5-2

		李四	
		坦白	不坦白
张三	坦白	[-5], -5	0, -8
	不坦白	[-8], 0	-3, -3

在李四不坦白的情况下,如果张三坦白,会被当庭释放;如果不坦白,会被判刑3年。当庭释放当然比判3年好,坦白要比不坦白好!

表 5-3

		李四	
		坦白	不坦白
张三	坦白	-5, -5	0, -8
	不坦白	-8, 0	-3, -3

所以,张三会选择坦白。

同理,无论张三作何选择,李四的最好选择也是坦白。

最终,双方都会选择坦白,各被判刑5年。可见,"坦白从宽,抗拒从严"的政策机制,只要参数设置得当,还是非常有效的。

表 5-4

		李四	
		坦白	不坦白
张三	坦白	-5, -5	0, -8
	不坦白	-8, 0	-3, -3

博弈双方都聪明绝顶,但斗智斗勇的结果却是(坦白,坦白),对应收益是(-5,-5),这个结果对双方来说都不好,但却改变不了。这个结果就是"博弈均衡",即这样一种状态:游戏玩到最后,谁也不想单独变换策略了,因为你变他也变,反而更吃亏,大家还是外甥打灯笼——照旧吧。正如哥儿俩都挂在悬崖峭壁上,张三踩着李四,张三就能爬上山顶,李四掉下悬崖,李四当然不干,反过来也是一样。干脆哥儿俩就在悬崖峭壁上继续待着吧,直至最后没力气都掉下悬崖。

从小小的"囚徒博弈"中,可以推导出三点"撬动地球"的结论。

推论一: 人人追求自身利益最大化,可能损人不利己,最后导致集体结果不妙,大家都遭殃。

西方主流经济学虽然自诩为科学,不拜菩萨不烧香,但其实是有"宗教信仰"的,在其神龛里供奉着许多"理念信条",而最上面的牌位这样写着:"他所追求的,仅仅是他个人的安乐,仅仅是他个人的收益,但是……受一只看不见的手的引导……他追求自己的利益，往往使他能比出于本意时更有效地促进社会利益。"[1]

这一"信条"用通俗的话来说，意思是：自由市场经济多好啊，虽然每个人都追求自身利益最大化，但却会带来社会的繁荣与昌盛。

可两个囚徒的博弈结果，却彻底否定了这一"神圣信条"，从而动摇了整个西方主流经济学的理论基石。

推论二：一个人的行为，是受心理支配的；但一群人的行为，是受客观规律支配的。

在囚徒博弈中，我们不必理会张三经历怎样激烈的思想斗争，也无须揣摩李四有着怎样复杂的心理活动，只要两人都是自私自利的，给定这样的规则条件，就必然得到这样的结果（两人都坦白），换作王五、贾六也是一样。只要种下"因"，就会得到"果"，不管当事人是怎么想的，不以人的心理为转移，这便是社会科学中的客观规律。

许多经济理论或管理理论，都号称建立在心理科学的基础之上，可心理学至今尚在"黑暗的隧道中摸索"，那这些理论岂不是连亮光都见不着？而囚徒博弈给了我们一个启示，与其不靠谱地去窥测人心之幽秘，还不如踏踏实实地用好已经发现的客观规律，譬如博弈论。

推论三：传统的战略规划，站在自身角度去谋划未来，眼里只有自己，没有别人，视野很狭隘，结果很悬乎。

在囚徒博弈中，对于单个主体譬如说张三，他最希望的结果是：自己坦白、李四不坦白，自己获得自由，李四坐8年牢。问题是李四不会作此选择，所以张三站在自身角度的一厢情愿，结果不会实现。

许多企业的战略规划者，坐在自家的院子里指点江山，谋划未来。今年增长20%，明年增长40%；五年成为中国五百强，十年成为世界五百强。仿

---

[1] 亚当·斯密. 国民财富性质和原因的研究：上卷[M]. 郭大力，王亚南译. 北京：商务印书馆，1972：27.

佛我就是世界的中心，地球都在围绕着我的战略规划转。

可博弈论明明白白地告诉我们：世界是普遍联系、相互制约的，不是你想怎样就能怎样的。你的竞争对手不是毫无表情的战略环境，你的合作伙伴也不是理所当然的战略配角，而是一个个活生生的、有思想、有主见的企业主体，人家不按你的规划行事怎么办？你能规划你自己，你能规划别人吗？那些只看自己、不看别人，也看不到自己和别人博弈互动、相互制约的战略规划，纯属一厢情愿、白日做梦。

滨海某市的人力资源局找到笔者，希望做一个高层次人才引进的战略规划。具体而言，就是未来五年间，每年要引进光电子技术人才多少名、微电子技术人才多少名，博士多少、硕士多少，"海龟"多少、"土鳖"多少……甚至要细化到2015年计划引进海外归来的IC设计工程师250名。笔者听完后扭头就走。局长煞是奇怪，追上来问原因，笔者解释道："人才引进是双方谈恋爱、你情我愿的事情，不是你想引进就能引进的，人家就是不来怎么办？你能派警察从海外抓回来吗？所以，当务之急，不是制定这种一厢情愿的人才引进战略规划，而是要制定高层次人才引进、激励、保障机制。栽得梧桐树，自有凤凰来，至于凤凰能来240名还是250名，则不是我们完全左右得了的事情。"听完之后，局长恍然大悟，当场决定，课题从战略规划转向制度设计。

顺便说一句，传统的战略规划，不仅指导思想上无视事物之间的相互依赖和企业之间的鲜活博弈，而且在规划方法上也是破绽百出。以读者熟知的SWOT战略分析方法为例，井冈山上的毛泽东，如果用SWOT分析，机械地罗列优势和劣势，教条地对比机遇和挑战，决然得不出"星星之火，可以燎原"的伟大论断。得出这一论断，遵循的是辩证法——优势和劣势是可以转化的，机遇和挑战是可以转换的。

言归正传。现实当中，商业竞争经常会陷入到"囚徒困境"中。

2000年，国内彩电价格大战打得如火如荼。几家彩电企业为了避免恶性竞争，搞了一个"彩电厂家价格自律联盟"，并在深圳举行高峰会。会上，各家企业老总信誓旦旦地约定，再也不打价格战了。

然而高峰会后不到一个月，老总们不打价格战的承诺犹言在耳，国内彩电价格又来了一次高台跳水，一路狂跌。为什么？

表 5-5

彩电企业甲		彩电企业乙	
		降价	不降价
彩电企业甲	降价	55亿元，35亿元	80亿元，30亿元
	不降价	50亿元，60亿元	60亿元，40亿元

这是一个典型的囚徒博弈。甲企业原来销售额 60 亿元，乙企业 40 亿元。虽然双方约定不降价，但因降价有利于扩大自己的市场份额，所以博弈的最终结果是双方都降价。价格下降加之消费者观望，最后甲的销售额变成 55 亿元，乙变成 35 亿元，比双方不降价时的销售额还低。

什么是市场机制？其实不像经济学家们说得那么玄乎，从博弈论角度看很简单，就是三种博弈："买—卖"博弈、"买—买"博弈、"卖—卖"博弈。而"卖—卖"博弈，就是要把企业变成囚徒困境里面的囚徒，从异质化的非价格竞争变为同质化的价格竞争，然后逼其不断降价，倒逼成本。

让我们回到囚徒博弈中。如果两名犯罪嫌疑人都加入了黑手党，而黑手党有着严酷的惩罚措施：任何一个组织成员如果被抓后坦白了，不论坦白内容严重与否，黑手党都一定会杀人灭口，"人间蒸发"，即使人在监狱也能迅速做到。在此情形下，张三和李四还会坦白吗？

表 5-6

		李四	
		坦白	不坦白
张三	坦白	$-\infty, -\infty$	$-\infty, -8$
	不坦白	$-8, -\infty$	$-3, -3$

由于坦白就会被灭口，所以收益将是 $-\infty$。在李四坦白的情况下，张三坦白会死，不坦白判 8 年，所以他会选择不坦白；在李四不坦白的情况下，张三坦白会死，不坦白判 3 年，所以他还是选择不坦白。

同理，无论张三作何选择，李四的最好选择也是不坦白。

结果，双方都选择不坦白，各被判刑 3 年。"博弈均衡"从（坦白，坦白)转向了(不坦白,不坦白)。

"坦白就死"的额外规定,导致各方的收益参数发生变化,游戏结果彻底改变。这就给我们一个启示:合理地设置或改变游戏规则,就能"借用"当事人的利益追求,借风使船,顺水推舟,自动自发地实现组织的管理目标。

这便是管理制度设计学建立的博弈论基础。

二、智猪博弈

猪圈里有一大一小两只猪。猪圈很狭长,左边有个踏板,右边是饲料口。每踩一下踏板,就会在远离踏板的另一头落下少量饲料。

如果一只猪去踩踏板,另一只猪就有机会抢先吃到饲料。如果小猪踩踏板,大猪会在小猪跑到饲料口前吃光所有食物;如果大猪踩踏板,则还有机会在小猪吃完食物前跑到饲料口,争吃到一半残羹剩饭。

假定踩一下踏板落下8两饲料,踩踏板本身要消耗掉1两饲料。两只聪明绝顶的猪,谁会去踩踏板?

表 5-7

		大猪	
		踩踏板	等待
小猪	踩踏板	1, 5	-1, 8
	等待	4, 3	0, 0

读者朋友如有兴趣,可以参考前面的做法,分别从大猪、小猪的角度进行均衡分析。在这个博弈中,不论大猪作何选择,小猪的最优策略都是"等待"。而对于大猪来说,它的策略依赖于小猪的选择。既然小猪只会选择"等待",大猪别无选择,只能选择去"踩踏板",至少还能得到3两饲料,总比没有要好。小猪吃定了大猪。

这次的"博弈均衡"是:小猪选择"等待",大猪选择"踩踏板"。小猪不干活,最后得到4两饲料;大猪跑前跑后,却只得到3两。

这是一个"多劳不多得,少劳不少得"的博弈均衡。

表 5-8

小猪		大猪	
		踩踏板	等待
	踩踏板	1, 5	-1, 8
	等待	4, 3	0, 0

许多企业都坚信，即便内部分配存在一些不合理，但也不会背离"多劳多得"的原则。可"智猪博弈"结果说明，由于工作相互牵扯，业绩相互掣肘，最后的分配结果很可能"多劳不多得，少劳不少得"。

股份公司中，股东承担着监督经理的职责，需要花费时间、精力和监督成本。小股东会选择不管，而大股东明知小股东"搭便车"，但没有办法，还得负起责任来，因为大股东不监督的损失大于小股东。这样一来，和智猪博弈一样，大股东忙前忙后，小股东坐享其成。

股市上的"散户跟大户"现象，根源也是如此。股市上，大户是大猪，他们要搜集信息进行分析和预测股价，花费大量的时间、精力。而大量散户则做小猪，只需跟着大户的投资策略买卖股票就可以了。

有些聪明的员工，也会采用"小猪"策略。某公司有一个美女，人很好，就是能力差，但她抱定"小猪"策略，给最能干的人做副手。如果工作搞得好，表扬和奖励也少不了她；如果工作搞砸了，对不起，珠泪双垂，那些怜香惜玉的男子汉自然会挺身而出，把责任扛下来。结果，最能干的仍然在基层死干，而她一路升迁为副总。当公司要将她扶正为总经理，她却死活不干，因为副职是小猪，正职是大猪。

如何改变游戏规则，避免猪圈里出现"小猪躺着大猪跑"的景象？

规则改变 1：减量，投食量减半，踩一次踏板落下 4 两饲料。

结果：小猪大猪都不踩踏板了。小猪去踩，大猪吃光；大猪去踩，小猪吃光，纯属给别人白忙活，所以，谁都没有踩踏板的动力了。

正如企业的激励制度安排，如果奖励力度不大，而且人人有份，大猪也不会有动力了。

表 5-9

		大猪	
		踩踏板	等待
小猪	踩踏板	0, 2	-1, 4
	等待	4, -1	[0, 0]

规则改变2：增量，投食量加倍，踩一次踏板落下1斤6两饲料。

结果：小猪、大猪谁想吃，谁就懒洋洋地去踩一下，而一旦发现对方踩踏板，自己就"搭便车"，反正对方也不会一次把食物全吃完。

正如企业的激励制度安排，如果奖励力度太大，而且人人有份，奖金已失去了激励作用。人力成本提高了，员工的积极性并不一定高。

表 5-10

		大猪	
		踩踏板	等待
小猪	踩踏板	3, 11	[2, 13]
	等待	[7, 8]	0, 0

规则改变3：减量+移位，投食量减为原来的一半，同时将饲料出口移到踏板附近。

结果：小猪和大猪都拼命抢着踩踏板。等待者不得食，而多劳者多得。每次的劳动收获刚好消费完，别人甭想蹭饭吃。

正如企业的激励制度安排，奖励并不是人人有份，且与努力程度有关，既节约了成本，又消除了"搭便车"现象。

表 5-11

		大猪	
		踩踏板	等待
小猪	踩踏板	[1, 3]	4, 0
	等待	0, 4	0, 0

"智猪博弈"给我们另一个启示：控制参量是规则设计的关键，合理地设置或者改变游戏规则及相关参数，就能自动实现管理目标。

三、动态博弈及不完全信息博弈

动态博弈

让我们再度回到"囚徒博弈"当中。

张三和李四因为都坦白,各被判刑 5 年。刑满释放,两人在监狱门口相遇了,张三埋怨道:"哥们,你当初怎么把我给卖了?"李四辩解道:"大哥不说二哥,彼此彼此。"两人尽释前嫌,再度联手作案,结果又被抓了。警察还是告诉他们:两人都坦白,各判 5 年(-5);两人都不坦白,各判 3 年(-3);一人坦白另一人不坦白,坦白的一方会被从轻发落,当庭释放(0),不坦白的一方则会被重判 8 年(-8)。

对局重复,结果会不会改变?囚徒能不能走出困境,实现最优的(不坦白,不坦白)?

图 5-3 囚徒重复博弈,结果将会如何?

重复博弈是指同样结构的博弈重复多次,其中每一次博弈被称为"阶段博弈",重复博弈属于动态博弈的范畴。

囚徒能不能走出困境?作为一门数学,博弈论给出了严谨答案:如果重复次数是有限次的,则博弈结果不会改变,囚徒走不出困境;如果重复次数是无限次的,结果会发生改变,囚徒可以走出困境,但无限次重复在现实中几乎是不可能的。所以,囚徒走不出困境!

运用重复博弈这一研究结论，可以帮助我们在商业社会竞争中，做出更加准确的判断，譬如"连锁店悖论"。

"家家"超市集团经过多年发展，门店遍布城市各区域。但新崛起的"7-24"超市发展势头迅猛，到处攻城略地，准备在"家家"超市所占据的市场区域开设新店。"家家"超市感受到了巨大威胁，为了迫使对方放弃市场侵入，立即发出强硬威慑："你如果进入我的市场区域，我就发动价格战，谁都别想挣钱！"结果会是怎样的呢？

假定同样的市场有20个，每一个市场的情况都相同，"7-24"超市每次只能进入一个市场，双方的较量就转化为20次重复博弈。

表 5-12

		"家家"超市	
		默许	价格战
"7-24"超市	进入	50, 50	-10, 0
	不进入	0, 300	0, 200

如上所示，"家家"超市的一个门店，每年净利润300万元。如果默许"7-24"超市开设新店，双方各获利润50万元；如果发动价格战，"家家"自身利润为零，同时也将"7-24"超市的利润拉低为-10万元。

模仿前述分析过程，读者可自己得出结论：博弈均衡为"7-24"超市进入，"家家"超市默许。因为"家家"容忍"7-24"超市进入，虽然利润比以前要少很多，但毕竟还有50万元利润；如果发动价格战，则一分钱都赚不到。商场上求财不求气，"家家"超市会选择默许。

所以，价格战只是一个空头威胁，就像女人一哭二闹三上吊。

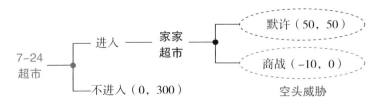

图 5-4 两家超市的重复博弈

人们也许会想，尽管从一个市场看，"家家"的最优选择是默许，但它有20个市场要保护，为防止对手进入其余19个市场，无论如何也应发动价格战。但重复博弈证明，理性的结果是：只要"7-24"超市在某一个市场选择进入，"家家"超市就会选择默许，除非违反理性。

如果"7-24"超市准备进入的20个市场区域，情况并不相同，则双方就从重复博弈变成另外一种博弈——序贯博弈。虽然在第一个市场区域，"家家"超市采取了容忍态度，但在其他市场，它会紧盯对手的出牌，只要条件允许，便会发动价格战，打乱对方的部署。

譬如，在第二个市场区域，情况发生了变化。

表5-13

"7-24"超市		"家家"超市	
		默许	价格战
	进入	80, 10	10, 80
	不进入	0, 300	0, 200

由于打价格战的收益要大于默许对方进入的收益，"家家"超市会毫不犹豫地发动价格战。

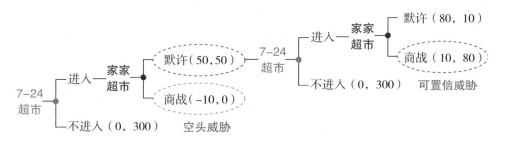

图5-5　两家超市的序贯博弈

所谓序贯博弈，是指游戏玩家选择策略有时间先后的博弈形式。譬如下象棋，"你架炮，我跳马；你拱卒，我出车"，你走一步，我跟一步，你再走一步……在序贯博弈中，首先作出策略选择和采取行动的一方，可以占据有利的形势，获得较多利益，这就是"先行优势"。

沃尔玛就是利用这一原理，一举奠定了其在商业上的霸主地位。

沃尔玛是山姆·沃尔顿于1969年创立的一家超级连锁超市集团。截止到2011年年底，在全球总共开设了10130家门店，雇员220万人。

沃尔玛的成功关键在于其市场进入与扩张策略。20世纪60年代，几乎所有的连锁专家都言之凿凿地指出，大型商超只有在10万人或10万人以上的大中型城市中才能成功经营。但山姆·沃尔顿不同意这种看法，并决定在美国西南部的一些小城中开店。到70年代中期，当其他大型商超经营者如梦初醒时，沃尔玛已经大量占领了这样的市场。

一个3万人以上10万人以下的小城市所具有的市场容量并不大，但却足够容纳一家大型商超并使之获得一定的利润。对于小城来说，开一家店赢利，若开两家，有限的市场容量会使两家都亏损。沃尔玛的策略就是先发制人，抢先一步在这种小城中开店，形成区域垄断。

1985年，山姆·沃尔顿就成为了美国最富有的人之一。

不完全信息博弈

重复博弈和序贯博弈都属于动态博弈范畴。还有一类特殊博弈，博弈各方掌握的信息或者不完全，或者不对称（你掌握我不掌握），那么，掌握信息多的一方，就会利用这种优势为自己谋取更多好处。

随着轿车进入家庭，汽车保险业务增长得很快。然而，这些买了保险的车主，由于有了保险，开起车来反而不那么注意了。反正汽车刮了、蹭了、追尾了，自然有保险公司承担修理费用，结果导致汽车交通事故反而发生得更多。为什么会这样？

原因其实很简单，开车时是否谨慎，只有开车人自己知道。他不会将对自己不利的情况告诉保险公司，事故中有多少心理原因，保险公司很难分辨。

正是因为存在着信息不对称，我知道的情况你不知道，天知地知我知你不知，所以，好的东西别人不知其好结果无人问津，差的东西别人不知其差反而大行其道。市场博弈的结果，往往是"劣胜优汰"，假货横扫真货，劣币驱逐良币。

在二手车市场上，卖车人比买车人更多地知道车的质量情况，但他不会将旧车的质量问题老老实实告诉买家。买家也知道这种情形,因而在开价时会将这一层因素考虑进来。

假定市场上没问题的好车值20万元,有问题的坏车只值10万元,好坏概率各占一半,买家的开价不会高于 $1/2\times20+1/2\times10=15$ 万元。卖家的车如果是好车,就不愿意出售,只好退出市场;如果是坏车,他会非常积极地将只值10万元的车按15万元卖给买车人。但买家知道愿意按15万元卖出的车一定是坏车,所以他只会开出10万元的价。

旧车市场里,好车退出市场,坏车不断成交,但价格越来越低。

类似的现象普遍存在,例如公司很难在短时间内正确评价一个新员工的能力,只能以社会平均水平来设定薪酬。因而最开始流失的,往往是能力强的人。

有没有办法解决呢?有,一种办法是通过信号传递与信息显示,即"路遥知马力,日久见人心"。

假如男人是柳下惠,女人穿得少的时候,他盯着看的概率是20%;如果男人是登徒子,女人穿得少的时候,他盯着看的概率是100%。

有一位女数学家,为鉴别其男朋友到底是柳下惠还是登徒子,先假定他有七成的可能性是柳下惠,坐怀不乱,然后故意穿得少去见他,结果她的男朋友死盯着她看。根据这一行为,女人认为他是柳下惠的概率变为:$0.7\times0.2/(0.7\times0.2+0.3\times1.0)=0.14/0.44=0.32$。

如果女人又重复了一次,她的男朋友又盯着看,则他是柳下惠的概率变为:$0.32\times0.2/(0.32\times0.2+0.68\times1.0)=0.064/0.744=0.086$。

这样,聪明的女数学家通过其男朋友一次又一次盯着看的行为,越来越认为她的男朋友是登徒子而不是柳下惠。

这就是不完全信息博弈中当事人行为的信号传递。

世事如棋,现实中的我们,如同棋手,每天不断地与各方进行着博弈。博弈论并不能提供万无一失的对策,但却能给我们以深刻启迪:面对抉择之时,不仅要看到自己的利益,还要看到别人的利益;面对博弈之局,不仅要看到相互制约，还要看到相互依存；在相互制约、相互依存的博弈关系当中，或许更应该考虑的是设计一种游戏规则，实现个体与别人、个体与集体的和谐。

四、从博弈论到制度设计

好看不好用的"机制设计理论"

学习是为了应用，目前博弈论的主要应用领域就是"机制设计"。

自 1994 年以来，博弈论的研究者们六次荣获诺贝尔经济学奖，这在历史上是绝无仅有的。其中，2007 年度诺贝尔经济学奖，颁给了三位美国经济学家——里奥尼德·赫维克兹（Leonid Hurwicz）、埃里克·马斯金（Eric Maskin）以及罗杰·迈尔森（Rojer Myerson），以表彰他们在创建和发展"机制设计理论"（Mechanism Design Theory）、推动博弈论的应用方面所做出的贡献。

那么，什么是"机制设计理论"？它与博弈论之间到底有着怎样的联系？它和管理制度设计之间又是怎样的关系呢？

读者还记得前面讲过的囚徒博弈吗？在那个例子中，游戏规则（两人都坦白，各判 5 年；两人都不坦白，各判 3 年；一人坦白而另一人不坦白，坦白的一方会被当庭释放，不坦白的一方则会重判 8 年）是给定的，然后需要分析游戏结果会是怎样的（两人都坦白、两人都不坦白还是一人坦白另一人不坦白）？而"机制设计理论"则将分析过程倒过来，游戏结果（譬如两人都坦白）是想要达到的预定目标，为此游戏规则应当如何制定？故而是博弈论"倒着用"。

换言之，"机制设计理论"研究这样一个问题：对于任意给定的一个经济或社会目标，在自由选择、自愿交换、分散决策和不完全信息等诸多前提下，能否设计出一套机制（规则或制度），使当事人的个人利益与给定的目标相一致，从而"借风使船"来实现给定目标。

那么，管理制度设计所依据的，是不是就是"机制设计理论"？不完全是！实践是检验真理的标准，我们在多年的设计实践中发现：管理制度设计要落地，要见实效，单靠"机制设计理论"是不行的。

"机制设计理论"之所以好看不好用,是因为它孕育自西方微观经济理论的娘胎,落下了一大堆病根:西方主流经济学成天玩假设、自我臆想、自我意淫,"机制设计理论"也是理想假设一箩筐;西方主流经济学只见个体、不见整体,公然与系统论唱反调,"机制设计理论"也是如此,而且症状更严重,只见对立、不见统一;西方主流经济学向来是挂着经济学的羊头,卖数学的狗肉,"机制设计理论"也是披上了烦琐的数学外衣,"电线上挂豆芽儿——愣充五线谱"。

因此,尽管"机制设计理论"具有重大的理论意义,然而其在假设世界中的自娱自乐,很容易将我们的思维带入太虚幻境,脱离实际,纸上谈兵。为此,管理制度设计还须引入利益势分析、运筹学分析、系统动力学分析、生态演化模型等多种方法和工具,来构建一个多角度、多层次、立体化的分析框架,以弥补"机制设计理论"的不足。

单靠"机制设计理论",设计不出现实可行的管理制度,但管理制度设计,却离不开博弈论分析和"机制设计理论",因为制度运行最终趋向的,必然是一种博弈均衡。设计管理制度时,需要建立博弈分析模型去寻找均衡点,然后改变均衡点,促成均衡点转向制度设计目标。

制度博弈

当然,管理制度中的博弈,和传统博弈论相比,还有许多不同:

(1)制度博弈是一种可变结构博弈。博弈主体、策略、顺序等构成要素不是固定不变的,而是可以人为设置和调整的。譬如在绩效考核制度中,选择个人作为考核对象,还是选择团队作为考核对象,博弈主体全然不同,这就为管理制度设计提供了多重选择。

(2)制度博弈是一种复合利益博弈。博弈各方争夺的利益对象,可能同时有多种,或经济利益,或权力地位,或荣誉称号,或与老板的亲密程度,林林总总,不一而足,因而是多元的、复合的、并存的,这就为管理制度设计提供了多种手段。

(3)制度博弈是一种有限追求博弈。博弈各方所追求的,往往并不是

"利益最大化",有可能连自己的最大利益是什么都未必清楚。因而博弈主体愿意接受的结果,大多并不是一个精确数值,而是一个数量范围,譬如奖金1500~2000元,而非所谓的"最优点"1999元,这就为管理制度设计提供了弹性空间。

制度必须建基于博弈均衡,反过来,调整博弈结构,就可以得到新的制度,这便是管理制度设计第二种简便办法——"**弈化**"。

第一,调整博弈主体。譬如在绩效考核中,以个人作为考核对象,则是个人与考核机构进行博弈;采用团队考核,则是团队与考核机构进行博弈。博弈主体发生了变更,进而带动博弈结果发生变化。

陶瓷生产中有两道关联工序:磨坯和补水。陶瓷坯体在磨制后,还需逐个补水,即用清水上上下下涂抹一遍,以达到消除磨痕、去除坯屑、平滑坯面的效果。这两道工序中任何一道出现问题,只有等到上釉或烧制以后才能发现,补救都来不及,自然就会形成废品、次品。处罚磨坯的,磨坯的喊冤,说是补水的责任;处罚补水的,同样喊冤,说是磨坯的责任;两个都处罚,两个都喊冤,骂老板不分青红皂白。

为了彻底厘清责任,原来的做法是在中间再加入一道检测环节,安排质检员拿着放大镜检查,费时费力不说,人工成本也居高不下。

怎么办?最简单的办法是让两道工序一家人干,于是在人事招聘制度中加入一条规定:"磨坯、补水,必须招工一对(夫妻最佳)。"让夫妻两个分驻前后工序,反正"肉烂了,也是在你们自家锅里",罚老公也是罚老婆,罚老婆也是罚老公。

自然地,原来的质检员也就成为多余的了。

第二,调整博弈策略。譬如不玩"石头剪子布"了,改玩"老虎杠子虫子鸡",不玩经济奖惩了,改玩职位升降,不玩薪酬激励了,改玩机会激励。博弈策略发生变化,进而带动博弈结果发生变化。

某著名5A级旅游景区游客如织,正常情况下都已经接待不过来,更别说旅游旺季了。但景区有规划,不可能无限制建酒店、建宾馆,所以经常性出现游客爆棚。接待能力不足,一直制约着景区的发展。

景区周边的一些农民从中发现了商机，在景区红线范围之外的道路两侧，到处建家庭旅店、农家饭店、个体商店。这些设施属于私搭乱建，设施简陋，环境脏乱，垃圾遍地，再加上人员素质低、服务态度差，甚至通过欺骗和讹诈游客的方式来牟利，导致纠纷不断，游客怨声载道。这些农民和景区本来并无关系，但城门失火、殃及池鱼，游客受了气，回去后在网上痛骂的都是景区，景区的口碑和形象大打折扣。

接待能力不足，同时也使得景区自身收入增长趋缓，但员工工资年年看涨，否则根本招不到人。周边村子的年轻人宁可到繁华都市打工，也不愿意来景区工作。怎么办？

笔者通过调研后，建议实行"机会激励制"，将原来的薪酬激励改为机会激励。员工在工作中积极努力就有积分，积分满1000分后，其家庭成员就有资格免费获得景区的专业培训和投资授权，按照统一品牌、统一风格、统一形象，建设符合规范的家庭旅店、饭店、商店、茶馆等，但员工本人仍须继续在景区工作，积攒积分。景区接待接近饱和时，便会向客人推荐这些场所，积分高的员工家庭优先，每转过去一名客人，该员工的积分核销5分。

制度运行一段时间后，在这些规范化店面的替代和引导下，景区外围环境大为改观；景区员工的工作状态焕然一新，再也不要求加薪了。结果，虽然三年不加薪，周边村子的年轻人也都争着抢着来景区工作。

第三，调整博弈次序。如将"我先你后"的出招顺序改为"你先我后"，就会导致博弈结果发生改变。

一家商业企业，总经理喜欢用开会来解决问题，没啥大事也要讲半个小时。还特别要求其秘书做好会议记录，会后发送给每一位与会人员，以强化印象，巩固效果。

但每到开会时，底下的员工总是发呆的发呆，打盹的打盹，聊天的聊天，玩手机的玩手机……人在会场，魂已神游四方。

站在总经理的角度，如何才能让下面的员工聚精会神、洗耳恭听？

最简单、最经济的办法是不用总经理秘书做记录了，会议结束时，总经理随机指定一名参会人员，当场上交会议记录。

第四，调整博弈信息。在企业中，信息是离散化分布的，每个人都掌握一些，每个人又都不完全掌握。将不完全信息变得完全，将不对称信息变得对称，或者反其道而行之，博弈结果也会发生改变。

一家贸易企业，业务遍及全国，业务员隔三差五就要出差跑客户。但每次出差到底需要多长时间，业务员心里有数，公司却很难掌握。所以时间一长，一些业务员发现了其中的奥妙，明明三天就能完事，却往往报五天，借此游山玩水，给自己放松放松，反正差旅费全报。有些业务员就是用这种方法，玩遍了祖国的山山水水、名胜古迹。

为了根除这一痼疾，公司对业务员出差申请层层把关、道道审批，从主管到经理到总经理。这一措施看似很严格，最后发现耗时耗力不说，作用也很有限，因为管理层在权力上处于强势，但信息上往往处于弱势。

怎么解决？去过德国、奥地利的人都知道，地铁无人检票，也无闸机验票，即使偶尔查票，也只是"防君子不防小人"的简单查验。如想逃票，是非常轻而易举的，但几乎所有的当地居民都自觉买票。为什么他们不去弄虚作假呢？一个重要的原因是制度的设定。一旦被查出逃票，当事人除巨额罚款外，还会在信用记录上留下污点。一旦留下污点，以后找工作、办信用卡、申请贷款，都会"吃不了兜着走"，甚至有可能"逃一张票，毁掉一生"。制度能够自动运行，固然与其国民素质、文明习惯不无关系，但主要还是建立在利益比较与利益博弈之上的。

根据这一思想，笔者设计实施了"诚信申报制"。每一个要出差的业务员，在系统上自行填报出差事由、目的地和相应时间，经主管上级审核后即可成行。但申报信息在公司内网上公示，接受更高上级抽查和其他员工的监督。申报者须对申报材料的真实性负全部责任，一旦发现弄虚作假，第一次重罚，第二次开除。这一制度安排，不但大大节省了审核成本，还有助于在公司内部树立诚信之风。

第五，调整博弈收益。将与博弈结果相挂钩的收益重新做安排，反过头来也会影响博弈结果。

香港某集团旗下的一家大型百货商场，地处北京市的南城，东、西、北三面都是著名商圈。老北京原来有句顺口溜："东城富，西城贵，崇文穷，宣武破"，因而商场开业之日，即是亏损开始之时。

一年亏损下来，香港总部有点沉不住气了。严厉敦促之下，商场管理层递交了一大本整改方案，包括美化商场布局、优化商品陈列、增加广告投放、加大促销力度，甚至花重金邀请一些明星来商场演出，以提升人气。这一套组合拳打出去后，营收情况明显改善，但营销成本大幅上升，商场亏损更加严重。

在这种情况下，笔者被派去解决问题，通过与顾客唠嗑，与商户闲聊，与导购、收银、理货、防损、保洁等拉家常，最终发现：虽然商场总体人气不旺，但还是有些商户，依靠温馨的氛围、优质的商品、专业的导购、热情的服务等，吸引了不少顾客在那儿驻足挑选，最终获利颇丰。

于是，笔者心里有底了，和商场经理之间便有了如下对话：

"商场的盈利来源是什么？"

"主要是扣点，不同类别的商品不同，如服装一般是销售额的30%。"

"要增加盈利，关键是什么？"

"人气，客如云来，货如轮转。"

"要提升人气，靠谁使劲，商场还是商户？"

"都要使劲，但商户更重要，因为人们到商场还是以购物为主。"

"那为什么现在光是商场在想辙，而不调动商户们的积极性？"

"……"

两天后，笔者拿出了解决办法，一条规定而已：

"商场内单位面积营业额（坪效比）第一名的商户，次年的扣点比例降为原来的一成；第二名的，次年的扣点比例降为原来的两成；依此类推，直至第九名，降为原来的九成。"

譬如，某品牌服装商户，商场原来收取的扣点比例为30%，如果当年单位面积营业额排第一名，则次年的扣点比例降为3%。

见此规定，商场经理大惊失色："不行，不行，这是胡来。商场内有三百多家品牌商户，前九名的营业额，约占扣点收入的七分之一。如此胡搞，亏损岂不更加严重？"

两方争执不下，"官司"打到香港总部，在总部的支持下，新的措施强行上马。众商户为挤进前九名，那真是八仙过海，各显神通；蛇有蛇道，虾有虾路。商场不打广告，他们就自己做广告；商场不搞活动，他们就联合起来搞活动；各种营销策略、奇思妙想、创意灵感喷薄而出。到了年底一算，商场一举扭亏为盈，而且从此门庭若市、人气旺盛，至今也仍然是区域内的商业地标。

今天，国内许多的百货商场都采用了类似的制度设计。

读者如有兴趣，做一个小小的竞拍游戏，就能明白其中的原理。游戏规则如下：

（1）一人拍卖，其他人竞拍。

（2）竞拍标的物是一张100元的人民币。

（3）报价从10元起步，每次比对方至少高10元。

（4）出价最高的人用其所报金额来换这100元钱。

（5）出价低的人也要交出所报金额，并且什么也得不到。

（6）直至最后无人叫价，竞拍人将所报金额交给拍卖师。

如果你在游戏中充当拍卖师，那么恭喜你，有可能发财了。因为只要各方开始叫价，就会陷入骑虎难下的境地，每个人都会想：如果我退出，我将失去我出的钱；如果不退出，还有可能得到100元。但随着出价不断递增，最后报价将会远远高于标的物——100元。每个人都面临继续叫价还是退出的两难困境，只有拍卖师稳坐钓鱼台，坐地收钱。

这个游戏就是"斗鸡博弈"，商场的制度设计中便采用了这一博弈，商户是你追我赶的"竞拍者"，商场是坐地收钱的"拍卖师"。只不过竞拍游戏中，博弈的收益总和是固定的100元，拍卖者独赢，竞拍者全输；而在商场的制度设计中，博弈的收益总和则是不固定的前九名让利，所以大家合作共赢，一起赚顾客的钱。

当然，回过头去看，作为笔者的第一个制度设计案例，它是在尚未掌握科学方法的情况下，仅靠小聪明设计出来的，碰运气的成分居多，对企业也是不负责任的，每念至此，深以为戒。

Chapter 6

第六章

如何制定自运行制度

只有站在深层次的利益层面上,才能制定出自运行的制度。

本章概览

笔者认为制度设计者要明白博弈各方的身份及其利益诉求，以及如何将他们的利益诉求转化为制度的目标。这样才能正确地调整制度控制参量与制度目标之间的函数关系，使制度目标顺畅达成甚至自动达成，这就是制度设计的第三种简便办法——"优化"。在本章中，笔者通过正确地锁定制度主体，帮助昇晟公司重新梳理业务流程和管理流程，解决了该企业质量问题多发、交期经常延误等症结；笔者通过"联结"个人目标与制度目标，帮助五一机械改良管理制度，使其在2011年完成了原本不可能完成的销售任务。

"真正的问题不在于人类是否由自私动机所左右,而在于要找到一套制度,从而使人们能够根据自己的选择和决定其普遍行为的动机,尽可能地为满足他人的需要贡献力量。"[1]

——弗里德里希·冯·哈耶克

许多管理者都对企业里"令不行,禁不止"的现象很头疼:明明要求这样做,可下边偏偏那样做;明明要求做到十分,可结果往往是七分。无奈之下,领导只好在大会小会上反复强调,苦口婆心,语重心长,但效果总是不尽如人意,问题依然存在。企业的政策初衷和管理意图老是在执行中被扭曲、被削弱、被打折。

怎么办?"不换思想就换人"?可问题是,换人就一定灵光吗?"晓之以理,动之以情"不起作用,只能说明是利益机制出了问题。

秀尔美容连锁(应企业要求采用化名)有七十多家分店,由于门店业务简单,核算方便,以往实行的是利润分红制:门店优秀员工共同分享该门店利润的10%,年底核算,第二年分12个月发放。

但时间一长,问题便凸显出来。各门店因在所处商圈、客户积累等方面存在不同,情况千差万别,如果都按10%拿分红,有些店坐着也拿高收入,有些店跑着也难比肩,"结构性激励失衡",好店觉得没劲头,差店觉得没奔头。虽然公司领导再三强调要做好客户拓展和客户服务,但因为利润的来源有各种可能性,可以来源于赚该赚的、省该省的,也可以来源于赚不该赚的、省不该省的;可以从十个新客户身上挣,也可以从一个老客户身上挣;奖金只挂钩利润,大家自然对开拓新客户没动力,一味诱导老客户多消费,甚至忽悠老客户,最终导致客户流失严重。此外,门店奖金分12个月发放,激励的及时性非常差,员工每个月拿到手的奖金都不知道

---

[1] 弗里德里希·冯·哈耶克. 个人主义与经济秩序[M]. 北京:北京经济学院出版社,1989:13.

是怎么来的。

显然，利益机制不顺，公司领导成天苦口婆心、谆谆教诲也没用。

鉴于此，笔者提出从制度上解决问题，将门店分红方式调整为：

门店分红 =（利润存量 ×10%+ 利润增量 ×30%+ 利润超量 ×100%）× 客户黏度系数

其中，考核周期从一年缩短为半年，门店利润存量 = 前半年利润；利润增量 = 本半年利润 − 前半年利润；利润超量 = 本半年利润 − 门店利润历史最高纪录值；客户黏度系数 =（本半年老客户到店总次数 + 本半年新客户到店总次数 ×3）/（前半年客户到店总次数 ×2）。

这种制度安排，一方面解决"结构性激励失衡"问题，驱策马儿放开跑。原来基础差的门店拼命向前冲，好店也想"更上一层楼"。

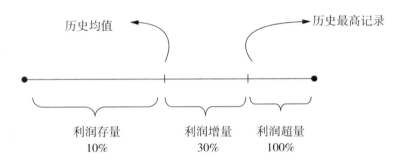

图 6-1 利润分段分红，解决"结构性激励失衡"问题

另一方面，公式中加入客户黏度系数，给马儿带上嚼子，引导其按正确的方向跑。门店的分红比例虽然增加了，但如果不按照公司的经营方针做好客户拓展与客户服务工作，客户不爱来，黏度系数低，门店即使赚再多的钱，分到手的也有限。贪小失大，自己看着办吧。

制度优化后，管理层再也不用苦口婆心、谆谆教导，公司的经营方针和管理意图却自动自发地实现了。

调整制度控制参量与制度目标之间的函数关系，使制度目标顺畅达成甚至自动达成，这便是制度设计的第三种简便办法——"优化"。

制度目标的自动达成是需要动力的。动力不是靠口号激发的，而是来自于博弈各方的利益诉求及其相互作用、相互促进、相互制约的关系，从而牵引着制度在演进中自动趋向均衡状态，亦即给定的制度目标。

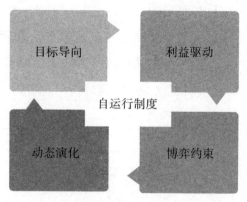

图 6-2　自运行制度的内在机理

同样，要想制定出自运行的制度，也得从更深层次的利益层面上去探究其中的奥秘，即要弄清楚：博弈各方都是谁？他们的利益诉求是什么？如何将他们的利益诉求转化为制度的目标？

一、谁来参加游戏

"谁是我们的敌人？谁是我们的朋友？这个问题是革命的首要问题。"[1]

同样，谁会赞成？谁会反对？这个问题是制度设计的首要问题。

不解决这个问题，任何"先进理念指导下的制度创新"都是瞎扯。一项制度，能否付诸实施并在实践中发挥作用，能否成为"活的游戏规则"，并不在于它的理念多么先进、条理多么严谨、规定多么严格、口气多么严厉，真正推动制度落地并发挥作用的，是与制度相关的各色人群；或者说，是制度的"有关各方"基于各自的利益追求，在制度给定的框架内，相互作用，相互制约，最终使得遵守或者执行制度成为"有关各方"的理性选择。

为此，我们需要弄清楚：制度的"有关各方"到底都是谁？在制度的制

---

[1]　毛泽东选集：第 1 卷 [M]. 北京：人民出版社，1967：3.

定和运行过程中,各自充当着什么角色?

先来看制度制定涉及的"有关各方"都有谁。任何制度,都是由人来制定的,也是由人来执行和监督的,自然有其制定者、执行者和监督者。当然,制度的制定者有可能同时也是执行者或监督者,集多重角色于一体;而作为对立统一的另一方,制度还有其被执行者和被影响者。因此,制度制定时所涉及的"有关各方"包括:制定者、监督者、执行者、被执行者、被影响者。

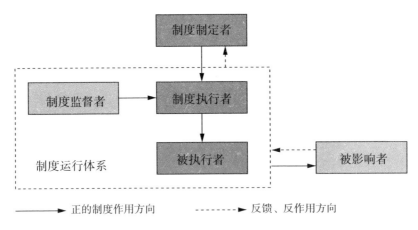

图 6-3　制度相关方分析示意图

制度的被执行者和被影响者是有区别的。例如"损坏公司财物者照价赔偿"的规定,无论普通员工还是高级经理,只要损坏公司财物,就会成为被执行者;而其家庭成员,则会成为被影响者。被执行者和被影响者,对于制度的实施和推行都会产生"反作用",但"反作用"的方式、途径和力度是不同的,需要区别对待。

再来看制度运行涉及的"有关各方"都有谁。制定出来的制度一旦投入实际运行,成为"活的游戏规则",制度的监督者、执行者、被执行者即是这场游戏的直接参与方,被影响者是间接参与方。各方闪亮登场,开始上演一幕幕精彩纷呈的博弈对局。而制度制定者往往功成身退、隐居山林,从运行着的"活的制度"中暂时消失了。当然他还不能置身事外,还要根据制度运行中的反馈意见对制度本身进行改进、优化或重构。因此,制度运行时涉及的"有关各方"不包括制度的制定者，而只包括监督者、执行者、被执行者、被影响者。

顺便说一句，由于制度制定者通常不直接参与制度的运行，这就为制度设计"外包"提供了可能。制度的实施和推行，往往也是各方进行利益博弈和重新调整相互关系的过程。如果由内部人自定制度，胳膊肘儿自然向内拐，不仅难以达到政策意图，还有暗藏营私舞弊图谋之虞。因而如有可能，制度的制定可以"外包"出去，委托专业人员设计。

"物以类聚，人以群分"，制度设计中，将与制度有关的人进行分类，并借此研判不同的群体从自身利益出发，对于所设定的制度目标可能采取的立场和态度——支持还是反对？支持什么？反对什么？——这是制定"自运行"制度的基本前提，只有搞清楚"动力之源"与"阻力之源"，才能让制度"动起来"，成为"活的游戏规则"。

不过，将制度的"有关各方"依其在制度中充当的角色进行分类，只是一种简单、直观的划分，对于复杂组织中的复杂关系，就有可能"力不从心"，实践中往往还需要辅之以阶群分析法和子系统分析法。

阶群分析是对组织的横向解剖。所谓阶群，是在层级制组织中，因所处岗位、地位、权力和相应的经济收入等不同而进行的人群划分。一般而言，组织中都可以划分出底层职员、中低层管理人员、中高层管理人员、最高层决策者。俗话说"屁股决定脑袋"，屁股坐在什么位置上，脑袋就会怎样去思考问题，这在一定程度上决定了他的利益取向、价值取向和情感取向。同一阶群的人，多有着某些共同的利益诉求、思想情感和立场观点。譬如说，企业实行"无薪加班"制度，如若是高层决策者，会觉得理所当然，员工的工作没有完成，应该的；如若是普通员工，则会认为工作时间之外是额外劳动，理应获得额外报酬。不同阶群对制度的诉求截然不同，"屁股"在这里便起了大作用。

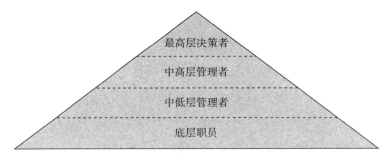

图 6-4 组织中阶群分析示意图

子系统分析是对组织的纵向解剖。个体组成种群，种群组成群落，低层次子系统组成高层次子系统，最后形成完整的组织体系。各层次子系统在组织中常常反映为各级机构，如班组、车间、科室、部门、事业部等。同一个子系统中的人，通常也有着某些共同的利益诉求、思想情感和立场观点，从这个意义上说，"小团体""小山头""小宗派""部门利益""本位主义"是不可避免的。一味地从"大局""整体"的角度去指责它、限制它、打压它，徒增对立而于事无补；更高明的做法是顺势而为，承认它、尊重它、笼络它。在此基础上，将"小团体利益"作为个人利益与组织利益的"接口"和"润滑剂"，引导"小团体"去帮助组织实现政策目标。

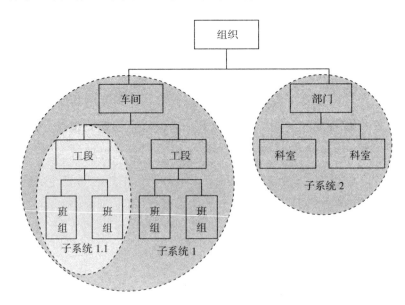

图 6-5 组织中子系统分析示意图

一个三维立体的东西，需要用 X、Y、Z 三个轴来描述，如果将制度角色分析作为一种 X 轴分析视角。那么，阶群分析就是一种 Y 轴分析视角，子系统分析就是一种 Z 轴分析视角，三种分析视角叠加复合，就可以绘制出一幅完整的、立体的组织内部关系画像。有了这幅立体画像，我们就能够知道，在一项制度出台后，各个角色，各个阶群，各个子系统，谁将获益、谁将利益受损，谁会赞成、谁会反对。

那么，具体到某一项制度设计，究竟应该选择哪一种划分方式？这要看哪一种划分方式所确定的"玩家"及相应的博弈结构更有利于达成制度目标，有时候还要对划分出的制度相关方再做细分，才能更准确地界定制度主体。例如，公司为了赶工期，出台节假日加班规定，有的员工为了三倍工资愿意加班，而有的员工不愿意加班，希望多一些时间陪家人。这就需要将员工这个"大群体"进一步细分为利益诉求不同的"小群体"，并在制度中作为不同的主体区别对待。

找出制度的"有关各方"，确定制度的"游戏玩家"，这一切都是给设计"游戏规则"做准备，是制定"自运行制度"的第一步工作。

二、制度主体定位

选择并确定制度主体，只是制定"自运行"制度的前奏，但主体选对了，个中关系就看得更清楚，制度的制定也会变得容易。

昇晟公司的"黑色幽默"

以下是深圳市昇晟通讯设备公司（应企业要求采用化名）在一起质量事故处理过程中的全记录：

8月13日 8:32 a.m. 客服部发邮件给总经办：昨天接到客户投诉，送的产品有两箱没贴入网许可证，三箱测试不通，请尽快协调解决。

8月13日 9:14 a.m. 总经办打电话给品管部：怎么搞的？产品没有贴入网许可证和测试就放行了？

8月15日10:28 a.m.　品管部回复总经办：东西昨天已经让行政部派人给拉回来了。入网许可证是由仓管贴的，已经通知他们了；测试不通的设备，已经交给技术部去做检测了。

8月16日16:58 p.m.　品管部回复总经办：许可证仓管已经贴完了；技术部那边还没有消息，明天是周六，只能等到下周一再问问了。

8月19日10:16 p.m.　技术部回音：元器件有问题，已经让生产部拆了换元器件。生产部说人手不足，PMC排期要等到两天以后。

8月20日16:58 p.m.　生产部致电采购部：仓管说仓库里的元器件有问题，请尽快安排现采。

8月22日15:25 p.m.　采购部回复生产部：财务在审，总裁出差了。

8月26日14:20 p.m.　采购部回复生产部：总裁批了，元器件现采回来了，快过来领用。

8月27日11:34 p.m.　PMC书面通知给生产部：按要求安排生产。

8月27日15:32 p.m.　生产部通知PMC：工程部作业指导书未到！

8月28日8:39 a.m.　客服部致电生产部：客户都已经火冒三丈了，怎么还没有搞定？

这件事的结局重要吗？已经不重要了！

昇晟公司是一家专业生产入网设备的企业，最近几年发展迅速，员工总数达到1100多人。但与此同时，公司也面临前所未有的考验：产品种类日新月异，生产工艺越来越复杂，客户对速度和品质的要求越来越高。公司却在产量、质量、交期、成本、售后等各个方面屡屡发生"事故"，如果不及时消除这些症结，迟早会被市场"踢出局"。

解决敷衍、推诿现象

在陈总力邀下，笔者进入昇晟公司潜伏调研，发现了诸多问题，其中最为突出的便是敷衍塞责、推诿扯皮，其原因是多方面的，包括业务流程碎片化（按照专业分工原则将原本完整的业务流程切成一段一段的，分属不同部门）、机构设置平行化（按照职能分离原则平行设置部门，横向制衡，协调困难)、审批权力分散化(按照权力分散原则实行层层审批,纵向制约,但时间和精力都折腾进去了)。这一切其实都是传统管理模式的老毛病——深入到骨子里的不信任:不相信员工可以自管理,不相信团队可以自组织,也不相信部门可以自制衡。层层监管,道道把关,效率低不说,还往往导致主体缺位、责任不明。谁都负责,其实谁都不负责,真正出现问题时,每一个人都会把自己摘得干干净净。

显然,面对公司内严重的敷衍塞责现象,首先要主体归位。但选择谁作为制度主体,作为制度中的"玩家",更有利于问题的解决呢?

传统的做法,是对塞责之人予以严惩,制度主体是不特定的人,只要塞责就会受罚。但问题是:塞责之人不会自揭其短、自证其罪,会扯出一大堆客观理由或扯到别人头上。查证塞责事实,难度极大;确认敷衍责任,成本极高。因而简单以制度角色(执行者和被执行者)作为主体,执法者必然处于信息不对称中的弱势,耳目失聪,再怎么尽职尽责,效果也不会好。

如果采用阶群作为主体,情况差不多,依然无法摆脱信息困境。

考虑到敷衍推诿,最有可能了解真实情况的,往往是内部的人,譬如说同一个部门的人,只是碍于情面,彼此不愿意说破罢了,甚至可能为了部门利益,同流合污,互相打掩护。因此,选择部门作为制度主体是较合适的,一是方便重新构造部门利益,使得"负责任"成为部门的共同利益,部门内部就会形成自我约束;二是容易使各个部门在相互博弈中相互制衡。自我约束加上相互制衡,这样才有可能达到制度的目的:当事人从自身和部门利益出发,不愿敷衍、推诿。

据此,笔者首先对公司的业务流程和管理流程进行了梳理,减少不必要的沟通环节,减少部间的信息接口,将"N对N"接口变为"N对1"接口。譬如,原来生产部门需要和客服、技术、工程、仓管、PMC等多个部门进行信息对接,现在只需要与PMC对接就行了。PMC作为统一的生产指挥中心,同时也是统一的生产信息流转中枢,从而最大限度避免信息传输过程中延误、失真、篡改、扯皮等现象的出现。

顺便说一点,PMC(生产与物料控制)是从国外引入的概念,有点像过去的"生产计划科"加"物资计划科"。但在国内,光有生产计划和物料计划是不够的,因为工人主要是流动性极强的农民工,人力资源计划跟不上,生产线还是转不起来,所以要升级成为PMHC(增加了人力资源计划)。

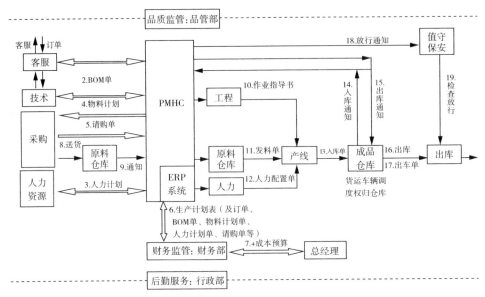

图6-6 梳理后的昇晟公司管理流程

"不讲理的制度"终结"黑色幽默"

当流程清晰、主体明确后,各部门的制度安排也就变得简单了。制造型企业有三大关键指标:质量、交期和成本,围绕这三大指标,笔者为昇晟公司设计和实施了三大"不讲理的制度"。

质量由品管部负总责。在品管部,设定"不讲理的制度":改变"全员质量责任,其实谁也无责"的传统做法,品管部作为第一责任人对产品品质负总责。只要出了产品质量问题,不管三七二十一,板子就打在品管部身上,公司没有时间和精力去甄别原委、分清责任。当然,品管部如果能提交证据证明自己已经尽责,产品出现质量问题主要是由另一部门造成的,则对品管部的处罚转由另一部门来承担。

奖惩是以部门为单位、部门薪资总额为基数进行的。考虑到企业内部检测合格率为96%还是97%,对客户来说没任何意义,因为1%的不合格率落到单个客户头上就是100%,所以对品管部的考核指标,主要是客户质量投诉。在一个月内没有客户因产品质量投诉的，则奖励其工资总额的5%；连续两个月没有客户因产品质量投拆的，奖励工资总额的10%；连续三个月没有客户因产品质量投拆的，奖励15%；最高以30%为限。同时，当月已经出现客户因产品质量投诉的，第一起扣罚5%的工资，第二起扣罚10%的工资……每增加1起投诉，工资多扣5%。

譬如，品管部全体员工工资总额4万元，当月出现两起质量投诉。第一起扣罚2千元，品管部找不出罪魁祸首，只能自认倒霉；第二起要罚4千元，但品管部提交证明，已向工程部发出设备异常通知单，但工程部没有按要求及时跟进，则所罚的4千元转由工程部承担。

部门的奖金或罚金交由部门经理负责分配，分配结果张榜公布，以起到反制的作用，避免部门经理滥用分配权，徇私舞弊。

交期由PMHC负总责。无论任何原因导致交期延误，都首先处罚PMHC，因为它负责统筹安排生产所需的各种资源，保证生产高效有序地进行。一个月内未有交期延误，则对PMHC奖励工资总额的5%；连续两个月未有交期延误，奖励10%；连续三个月未有交期延误，奖励15%；最高以30%为限。当月出现延期后，每增加1天，加扣1%。同样，如果PMHC能证明交期延误主要是由另一部门造成，则处罚转由另一部门承担。

成本由财务部负总责。以前三个月滚动平均为基准，单位产品的综合成本每降低1%，则对财务部奖励其工资总额的5%(以30%为限)，反之则相反。同样，如果财务部能够证明成本增加主要是由另一部门造成的，则对财务部的处罚转由另一部门来承担。

也许有人会说，不对呀，财务只是核算部门，怎能将成本增加的责任放到它头上呢？的确如此，但不狠"揍"财务部，就很难将导致成本增加的责任部门给"揪"出来，这叫作"隔山打牛"。

这些"不讲理的制度"实施后，在责任转移考核机制的驱动下，由于主体明确、责任清晰，公司内部敷衍推诿的现象基本消失，交期、质量等方面的投诉大幅下降。即使在公司老总将更多时间用于打高尔夫球的情况下，前文所说的那种"黑色幽默"也没有再发生过。

三、如何参加游戏

通过制度主体定位，确定了制度中的"玩家"。接下来，还要对制度主体做利益定位和利益诉求定位，也就是要进一步弄清楚：对于所设定的制度目标，制度中的各方"玩家"，为什么支持或者反对？

"每一个社会的经济关系，首先是作为利益表现出来。"[1]现实社会中的人，都是追求利益的；有利益追求，才有社会的发展与繁荣。而利益追求，实际上追求的不是既有利益，而是既有利益的增减变化。换言之，比既有利益更重要的，是利益变化趋势，是利益预期。人们可以忍受不公平的现实，却无法承受没有希望的未来。

利益是多种多样的，纵然是商业社会最为关注的经济利益，也是包括物质、能量、信息、知识、权利、金融等各类经济资源的数量和质量所表征的各种财富形态。既然利益存在多种类型，那么利益追求就不能狭隘地理解为物质财富或其货币形式，而是包含信息、知识、精神、文化等在内的广义范畴：书香门第追求知识积累，积善人家眷念精神和谐，利欲熏心之徒只注重财货，开明大义之士体恤人力……因此，人们的利益追求实际上是一个多元化的、多层次的目标集合。

但在商业社会中，商品化、货币化横扫社会各个领域。商品社会的伟大贡献，便是将人世间一切美好或龌龊的事物都尽可能商品化、货币化了，同时也将人们所有物质上或精神上的追求尽可能简明化、单一化了，转化为对经济利益特别是对货币的顶礼膜拜和疯狂追逐。是以在商品社会中，所有的利益追求，都可以直接地、直观地划分为货币追求和非货币追求。而精神追求、情感追求等非货币追求的实现，往往还要依托货币作为媒介和过渡。这就必然导致：在商品社会中，人们或心甘情愿，或迫于无奈，蒙上眼睛围着"金钱磨盘"转圈圈。利益追求在某种程度上，也就等同于货币追求、金钱追求。

---

[1] 马克思恩格斯选集：第 2 卷[M]. 北京：人民出版社，1972：537.

制度的各个相关方，既有自身利益，也有自身利益追求，面对所设定的制度目标，为什么支持或反对？毫无疑问，都是从自身利益或自身利益预期出发的。人们支不支持新的制度，不在于新的制度是不是伟大、神圣、正义，而在于背后的利益。所以，制度能否"自运行"，秘密都藏在背后的利益层面上。具体来说，又分为以下几种情况：

第一种情况，**符合各方共有利益的制度**。制度的设定是为了维护各相关方现有的共同利益，所有人都会从中受益，没有人因此受损。这样的制度自然容易得到各方的认同，并会自觉自愿地遵守和执行。

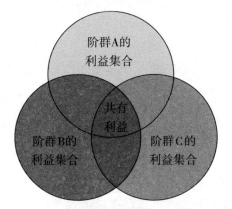

图 6-7　组织中不同阶群共有利益示意图

现实中，虽然制度的各相关方所持立场不同，利益追求各异，有些甚至是对立的。但根据唯物辩证法，对立离不开统一，即便是对立的双方，也仍然处在同一个组织中，也有着某种共同的利益；而且一方的存在和发展，也必以另一方的存在和发展作为条件。这种利益交织形成的交集，便是设计和构造"自运行制度"的立足点。

第二种情况，**包络各方利益诉求的制度**。制度的出台，只会帮助各相关方或快或慢、或直接或迂回地实现各自的利益预期，不会阻碍任何一方达成利益目标。这样的制度，也可以获得自动运行。

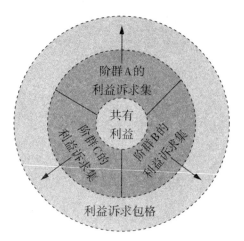

图 6-8　组织中不同阶群利益诉求包络示意图

制度的各相关方，利益诉求既有一致的部分，譬如"把饼做大"；也有利益诉求不一致的部分，譬如"多分些饼"。制定制度时，如果能以利益的共同诉求为主线，尽可能地将利益的不同诉求涵盖在内、包络其中；从而使各个相关方的利益诉求都能够在制度中得到体现，求仁得仁，求利得利，各得其所，制度目标也就能自动实现。这种利益诉求的"包络"，便是设计和构造"自运行制度"的出发点。

许多企业都希望减员增效。但问题是，很少有经理会说自己部门人员富余，都是哭着喊着人不够，为什么？原因很简单，薪酬压力由公司承担，部门经理没感觉，而所属部门人越多、势越众，在公司里的影响力和话语权就越大，部门内的员工也是"人同此心"。

怎么解决？很简单，减人有利可图，增人钱包伤心，则整个部门从经理到员工，大家的利益取向自然就会是"减员增效"。

昇晟公司的奖金，是以部门为单位、部门工资总额为基数发放的，为达到减员增效的目的，笔者帮其设计了"奖金空饷制"。

每个部门减少人员，从当月起部门总奖金仍然按未减人员的工资总额计算，此后 10 个月，奖金"空饷"部分每月递减 10%，直至第 12 个月不再计算在内。譬如某部门 10 个人，工资总额 4 万元，当月奖金比率 20%，即为 8000 元；如果减少一人，其工资为 5000 元，则部门工资总额变为 3.5 万元，按道理应发 7000 元奖金，但整个部门当月仍发 8000 元奖金，10 个人的奖金由 9 个人分。

第二个月考核后,如果部门奖金比率仍为 20%,则发 7900 元奖金,依此类推。

每个部门增加人员,从当月起部门总奖金仍然按未增人员的工资总额计算,此后 10 个月,奖金"差饷"部分每月递增 10%,直至第 12 个月不再"差饷"。譬如某部门 10 个人,工资总额 4 万元,当月奖金比率为 20%,即为 8000 元;如果增一人,其工资为 5000 元,则部门工资总额变为 4.5 万元,按道理应发 9000 元奖金,但整个部门当月仍发 8000 元奖金,10 个人的奖金由 11 个人分。第二个月考核后,如果部门奖金比率仍为 20%,则发 8100 元奖金,依此类推。

在这种机制下,减人光明正大"吃空饷",增人则需忍受"钱包痛苦",从部门经理到员工都会仔细掂量,不会随随便便增人。反之,如果不增人就会影响工作效率,影响部门总奖金,也不会为减而减。

当然,不是所有的制度都能达到如此和谐的境地——利益诉求的全面包络。当制度各相关方的根本利益是截然对立的,又该怎么办?

第三种情况,**合成各方利益诉求的制度**。如果一项制度的施行,部分相关方将从中获益,部分将因此受损,部分不受影响,自然就会形成赞成、反对、旁观和另有他图四派。各相关方的利益诉求相左,无法"包络"甚至截然对立,这种情形又该怎么办?物理学中"力的矢量合成"启示我们,如果各相关方利益诉求汇成的"合力"是指向制度目标的,即使各方利益追求相悖,制度目标也可以自动达成。

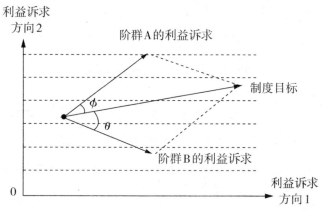

图 6-9 组织中不同阶群利益诉求"合力"示意图

其实，恩格斯的"历史合力论"早对此作了精彩论述："历史是这样创造的：最终的结果总是从许多单个意志的相互冲突中产生出来的……这样就有无数互相交错的力，有无数个力的平行四边形，由此产生出一个合力……最后出现的结果是谁都没有希望过的事物。"[1]

需要说明的是，各方利益诉求所合成的，其实不是"力"，而是"动量"——利益追求动量（也叫利益势），包括利益追求动力以及为利益追求动力提供物质支撑的各种资源数量，即：

利益追求动量＝利益追求动力 × 可运用资源数量

利益追求动力反映的是当事人追求预期利益的积极性大小。不是所有的人都追求"利益最大化"，追求"利益最大化"只是一种极端情况。就物质财富而言，有人急欲富甲天下，有人只想小富即安，还有人淡泊名利、安贫乐道。不同的人或群体，利益目标有高有低，实现利益目标的计划时间有长有短，利益追求是有差异的。如何衡量这种差异呢？这就需要引入一个衡量指标：

利益追求动力＝（预期利益－现有利益）/ 预期实现时间

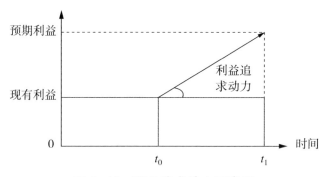

图 6-10　利益追求动力示意图

利益追求动力说明了在一段时间内，一个人或一个群体追求利益的动力大小。预期利益越高，动力越大；现有利益越多，积极性反而减弱，这也解释了：纯粹物质激励下，企业高管的工作积极性，随着可预期激励加大而提升；

---

[1] 马克思恩格斯选集：第 4 卷 [M]. 北京：人民出版社，1972：478.

但高收入蓄积的结果,反过来又会降低工作积极性。这是一个让许多企业为之头痛却又无可奈何的"激励悖论"。

当然,每个人、每个群体在组织中所能发挥的影响或作用的大小,不仅取决于当事人的利益追求动力,还取决于他可掌控和运用的各种资源数量,如职级、职务、人事管理权,也包括信息掌握程度、业务熟悉程度、人际关系网络等。例如一位新业务员,开始会遵守经理的各项安排,但随着能力提升,所掌握的客户资源增多,就会在组织中拥有更大的影响力和发言权,甚至还会对经理的工作安排指手画脚。

通俗地理解,利益追求动力可被看作是一种"意志"。但现实中,光有"意志"不行,励志励上天,终是肥皂泡,还得要有"实力",而用来为利益追求动力提供物质支撑的各种资源数量即是"实力"。事物的发展结果,即各方的利益追求相互冲突、相互碰撞的结果,既不完全取决于各方的"意志",也不完全取决于各方的"实力",而是取决于各方的"意志 × 实力",即利益势。

制度各相关方参与游戏的依据,便是利益追求动量(利益势)。如果制度目标的设定是以"利益势最大"为导向的,借风使船,借助各方意志和力量的推动,执行起来自然就会很容易。这种"利益追求动量平行四边形对角线",便是设计和构造"自运行制度"的落脚点。

以上这三种情况,只是分别为设计和构造"自运行"制度提供了立足点、出发点和落脚点。在实践当中,要想让"自运行"制度从可能变成现实,还须面对非常复杂的现实。

四、制度主体利益诉求转化

确定制度主体,确定制度主体利益诉求,分析各方利益追求动力和利益追求动量,这一切,都是为了确保各方利益追求动量的"合力"指向制度目标,自动自发达成目标。但在现实中,更为普遍的情况是:合成后的"合力"并不指向制度目标,怎么办?

如果制度目标是给定的,那就只有改变"合力",或是转化其中一方或其中几方的利益追求,或是调整制度博弈框架结构,或是改变系统控制参量,最终使得"合力"作用的结果自动趋向制度目标。

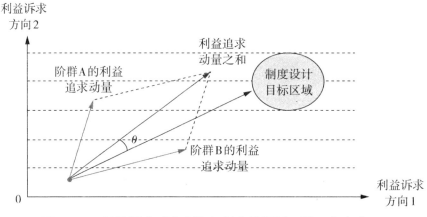

图 6-11 利益诉求"合力"与制度目标不一致,怎么办?

转化的关键,是设计构造一种利益捆绑菜单,将制度目标转化为相关方的利益追求,引导相关方采取与制度目标相一致或者相协调的行动。简单地说,就是构造一个"利益结",将个人目标与制度目标"联结"起来,使实现制度目标成为实现个人目标的先决条件,这样一来,相关方自然就会朝向制度目标自发地行动。当然,要找出利益机制并将"利益结"打得牢固而优雅,既需要科学分析,又需要艺术创造。

五一机械(应企业要求采用化名),是某国产品牌挖掘机的省级代理。2007年公司进入挖掘机销售领域,虽然进入市场时间较晚,但还算发展得不错,每年都保持着20%多的销售增长率。

"不可能完成"的销售目标

2010年,依托国家出台四万亿经济刺激政策投向基础设施建设所带来的挖掘机销售大好机遇,公司上下一起努力,使出浑身解数,当年完成销量249台,比上年增长70%。然而,庆功酒还没有摆上,心情不错的上游厂家决心发起市场"大跃进",并给五一机械下达了来年销售目标,一个让所有人目瞪口呆的数字——1011台！完不成？完不成，撤销五一机械的省级代理资格，没得玩了。

1011台是什么概念？意味着五一机械销量要翻三倍还拐个弯，意味着市场占有率要超过20%，意味着市场排名要从第八变为第一。几乎所有的五一机械员工都知道，这是一个根本不可能完成的任务。

中国挖掘机市场强者林立，以该省来说，销量排在前七位的都是国际大品牌，而五一机械代理的国内品牌，机器性能、质量和售后服务都与国际品牌存在一定的差距。销售量一年翻三倍，谈何容易？难道这些国际巨头们会袖手围观，任由五一机械夺取年度销量冠军？

而且，2011年的宏观经济环境也急转直下，国家四万亿元经济刺激政策淡出，房地产调控导致销售挖掘机变得异常艰难。2011年前三月，五一机械销售量急剧下滑：一月份只销售了12台；二月份适逢春节，仅仅销售了8台！到了三月，公司领导黄老板急眼了，花重金请了一家营销策划公司，搞了一场声势浩大的"买挖机，送宝马"活动。公司准备了5辆宝马、15辆皮卡用于销售抽奖。可购买者也不傻，串联起来，正好买下20台挖掘机，然后一人开了一辆宝马或皮卡回家了。

赔本赚吆喝，黄老板傻了眼，郁闷之下，一筹莫展。怎么办？

在此情形下，笔者迅速进入公司展开调研。可是越调研，越发现公司的处境严峻：

一是士气低迷。上游厂家不知何故，取消了2000元的销售激励，导致五一机械业务员的单机提成，从每台平均6000元直降为4000元，士气大受打击。公司的销售高手纷纷辞职跳槽，跑到竞争对手那儿。

二是回款艰难。中国的挖掘机市场很奇特，大多不是销售给基建公司或土方公司，而是卖给想发财的农民。可挖掘机售价高昂，一台小型挖掘机三五十万元，大型挖掘机上百万元。农民哪有那么多钱，只有向银行按揭贷款，有的连首付都拿不出来，还要公司垫付一部分。于是每月都要催收按揭贷款和首付代垫款的回款，该任务落在了业务员头上，但回款提成只有两三百元，业务员没有积极性，公司应收未收的账款非常高。

三是窜货严重。某市大搞城市建设,挖掘机自然好卖。邻近县市分公司便纷纷窜货,跨区域销售,分公司经理之间曾为此大打出手。

四是私吞佣金。农民砸锅卖铁买挖掘机,不会轻易决策,他们会向买过多台挖掘机的挖机大户咨询。各家业务员为了套取需求信息,纷纷给挖机大户信息中介费,但这笔费用往往会被业务员揣到自己的口袋里。五一机械的一个王牌业务员凭借这一招,一年吞了9万元。

五是费用奇高。虽然公司2010年销售量比上一年增长了七成,但由于销售费用及其他支出都大大超出预算,利润率反而大幅下降。

以上这些问题缠绕在一起,实现一年销售1011台这个远大目标,看上去就更加遥远了。

"三大关键对象"与"三大激励机制"

危急关头,笔者针对三大关键对象——业务员、挖机大户和其他公司的销售高手,设计了三大激励机制,实现了销量翻三倍的目标。

首先是对业务员的激励。为了充分调动业务员的积极性,实行台量递进提成制度:销售台数越高,提成额度越大,第一台提成4000元,第二台4500元,第三台5000元……销量每增加一台,提成增加500元,直至达到或超过第13台,每台1万元封顶。

表6-1

台量	第1台	第2台	第3台	第4台	……	第12台	第13台及以上
台量提成(元)	4000	4500	5000	5500	……	9500	10000

这样一来,业务员必须不断做大销量才能拿到更多的提成,前边的销量是为后边赚大钱打基础的,从第一台开始,每一台都重要,令业务员欲罢不能。越到年底,挣的钱越多,业务员就会越拼命,从而为全年销售大幅度冲量提供了可能。而且,因为挣大钱的机会在后面,业务员既不会在中途停下来,也不会在中途离开。

为了防止几个业务员将台量凑在一起拿高提成，还要补充一条规定："业务员当年销售台量不足平均水平的一半，予以淘汰。"不到年底，每个人都不知道公司当年平均水平是多少，不敢轻易凑台量。

同时，为了留住优秀的业务员，本年度超额部分可累积到明年。譬如张三今年销售了16台，超额3台，则明年的第一台会加上3台，按第四台算，即销售提成从5500元起步。这样一来，超得越多，就越离不了职。

此外，窜货问题也迎刃而解。办法很简单，窜货的台量不予以递进。譬如张三销售的第五台不是卖到本地，而是卖到了外区，属于窜货，则该台提成不是按6000元算，而是按基础提成4000元算。问题是，张三不只是少挣了2000元，因为他以后销售的第六台就得按第五台算，第七台就得按第六台算……最后少挣多少，自己算去吧，爱窜不窜。在这样的制度规则下，如果张三捎带手地往外区窜一台，挣4000元外快，那就窜吧，对当地分公司也是一个鞭策。但如果他不把心思和精力放在本地市场，老惦记着往外区窜货，那就不值当了。

不过，如果只按台量核算提成，销售大型挖掘机的人就会吃亏。而大型挖机能给公司带来更多利润，所以应当增加"销售额奖"以作平衡。销售额高，按揭贷款和首付代垫款也高，因而"销售额奖"完全可以转化为"按揭回款奖"和"首付代垫回款奖"，以鼓励回款。这样一来，就把本来用作机型销售平衡的"销售额奖"，转化为激励回款的"回款奖"。回款奖励大大增加，充分调动起业务员的积极性。

其次是对挖机大户的锁定。挖机大户，是农民购买挖机过程中的关键影响人，需要想方设法控制住。为了长期锁定挖机大户，可以给他们一个更好的信息费预期：介绍第一台5000元，第二台6000元，直至第六台以上每台1万元。超过六台的，超额部分累积到明年。经统计，挖机大户大都能介绍六台左右，超额越多，明年起点越高，这样就将他们牢牢绑定在公司的销售战车上，上了"贼船"就下不来了。在竞争对手回过神来之前，公司已经锁定挖机大户，令其难舍难分。

另外，要避免业务员和挖机大户合谋骗公司的信息费。如果业务员通过挖机大户的介绍而成功跟进销售，则业务员的台量不予以递进。

最后是对其他公司销售高手的掌控。在一个容量有限的市场中，企业要快速占领市场，一个简单的办法，就是将竞争对手的销售精英"连锅端"。挖掘机销售行业有一个潜规则，顶尖销售高手跳槽要给"转会费"（签字费），大约3万元。但这些高手"转会"时，往往心存疑虑，譬如担心不适应新的工作环境，或公司答应的"转会费"到年底不兑现；而公司也担心招来的不是真正的顶尖销售高手。那么，用怎样的制度设计才能消除双方的分歧呢？

用"非对称对赌机制"可以解决这个问题，销售高手转会费行情1~3万元，一般年底支付。公司干脆给3万元，转会后直接给2万元，余下1万元年底支付。到年底，如果每月销售低于一台，剩余转会费不再支付；每月销售一台以上两台以下，则剩余转会费支付1万元。但让所有人疯狂的是，如果每月销售量大于两台，公司再多给4万元，即全部"转会费"将达到7万元！这是一个"修女也疯狂"的金额！

这样一来，那些"待转会人"就会根据自身实力来决定是否转会，从而达到鉴别人才、招聘到顶尖销售高手的目的。公司虽然多支付了4万元，但与"转会"的高手给公司带来的更多毛利相比，还是值得的。

让基层自己当家，解决费用控制问题

费用控制，办法也很简单。实报实销制，公司天天与员工博弈，费时费力。费用包干制也有问题，钱成员工自己的，花起来心疼，导致可跑可不跑的市场就不跑，可去可不去的客户就不去拜访，会错失许多市场机会。为了让销售团队自组织、自管理，给每一个销售团队建立虚拟账户，资金在公司账上，但管理权在销售团队手中。销售团队每销售一台，公司注入一笔费用，销售团队凭发票报销费用，由其经理自行审批，自己当家理财，财务部门只负责核查票据真伪。虚拟账户余额到年底若有余额，则正大光明地作为奖金发放；但反过来，如果账户透支了，则要双倍扣罚。让你自己当家理财，却不会过日子，当然要予以惩罚。

公司实行"虚拟账户制"以后，财务人员从11名减少到4名，销售费用却大幅下降，而且销售人员不必再花费时间和精力花与公司在费用报销上讨价还价了。

一套组合拳下来，到了年底，五一机械完成了一个不可能完成的任务——在一个低迷的市场中，销售量翻了三倍，利润增加了二十倍。

Chapter 7

第七章

管理制度设计跟我学之一

制度设计的出发点,只能是脚踏实地搞调研,实事求是地摸情况。

本章概览

　　管理制度设计,有一整套严谨而科学的流程与方法。这套流程与方法,一切从实际出发,为企业量身定做适合它自己的管理模式和制度体系。具体来说,管理制度设计的流程,又分为五大阶段,共二十一道工序。

　　在本章中,笔者用为通通快递制定违规违纪量化考核制度的案例,介绍了制度设计流程的第一个阶段,即潜伏式调研。笔者认为管理制度设计的出发点是实事求是地进行调研,要先进行"外部环境调研",然后由外及内,进行"内部生态调研"。制度设计的核心要义,是引导利益主体去自动地实现制度目标。关系格局明晰后,就要确定制度主体和其利益诉求,以及制度设计的目标、理念和原则,从而抓住制度设计的"两个端点"。

"科学是实事求是的学问,来不得半点虚假。"[1]

——华罗庚

前述所说的制度设计简便三法——"活化""弈化"和"优化"——只是完成制度设计全部流程中的一道工序。一项管理制度设计,只有走完全部的设计流程和检验程序,才称得上是严谨而科学的。

管理制度设计的全流程概述

管理制度设计,与其说是一套理论,不如说是一套流程与方法。

这套流程与方法,不受任何教条框框的限制,也不盲从于所谓的普世价值、神圣理念,更没有什么黄金版、白金版的管理圣经;而是一切从实际出发,量体裁衣,量身定做,为企业设计甚至创造出适合自己的管理模式和制度体系。符合实际,适合自己,就是最好的。

遵照这一思路,管理制度设计没有理会传统管理学的滔滔宏论,而是自行建立起一套严谨求实的系统化分析流程和工程化设计步骤,以确保制度设计结果的科学性和有效性——"实事求是,解决问题"。具体来说,管理制度设计的流程,又分为五大阶段,共二十一道工序。

第一个阶段,潜伏式调研,包括六大工序:外部环境调研→内部生态调研→关系网络分析→确定制度的主体及其利益诉求→问题链分析→确定制度设计的目标、理念和原则。

制度设计的要义,是引导利益主体去自动自发地实现制度目标。因此,这一阶段的主要任务,是在深入调研的基础上确定"两头":确定制度主体及其利益诉求;确定制度设计目标。

第二个阶段,科学化分析,包括四大工序:利益势分析→博弈论分析→

---

[1] 王通讯,朱彤. 科学家名言 [M]. 石家庄:河北人民出版社,1980:12.

系统动力学与生态演化分析→利益结构造。

这一阶段，主要是寻找引导利益主体自动实现制度目标的方法，即如何在利益主体与制度目标这"两头"之间构造一个"利益结"。

第三个阶段，系统化设计，包括五大工序："元规则"制定→结构化、模块化扩展→控制参量设置→信息通路设计→组织设施配套。

这一阶段的主要工作，是构建出制度的核心规则及其配套体系。

第四个阶段，不可行性检验，包括三大工序：系统仿真检验→管理实验检验→成本收益核算检验。

这一阶段的主要工作，是检验制度设计结果的科学性与有效性。

第五个阶段，参与式实施，包括三大工序：文字编排与审议→试运行与调试→交付与运行维护。

这一阶段，主要是将制度设计结果予以呈现并应用于管理实践。

如果将主要环节抽取出来，管理制度设计的流程即如图7-1所示。

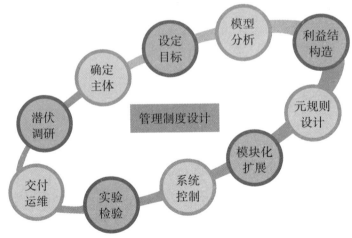

图7-1 管理制度设计的主要环节

通通快递内部的"大麻烦"

管理制度设计既是一门严谨的科学，也是一门创造的艺术；制度设计师既是工程师，也是艺术家，设计过程同时也是艺术创作过程。只是要想创作出优秀作品，需要掌握多种艺术手法并创造性地运用，就像创作中国画，需融工笔、写意、泼墨、渲染等多种技法于一图，才能画出风骨神韵，而这只能靠制度设计师在实践中反复体会，细心揣摩。"纸上得来终觉浅"，精髓的东西，往往只可意会，不可言传。

接下来，我们以通通快递公司违规违纪量化考核制度设计为例，"解剖麻雀"，一步一步地说明管理制度设计的全部流程和主要技法。

通通快递，凭借其超级简单却超级有效的连锁加盟制度体系，改写了行业规则与市场格局，成为行业领先者。但市场竞争的成功、企业规模的扩大，越发凸显出公司总部在内部管理上的无序与混乱。

通通快递总公司是一个家族企业，更准确地说，是一个宗族企业。每一个部门经理都是"皇亲国戚"，都是有来头的，每一个部门的员工都是同一个姓，和经理来自同一个村，同一个家族，由同一个太太太爷爷传下来的。譬如运营部经理姓"吴"，是老板的娘舅；运营部的员工全都姓"吴"，和经理都是宗亲。在这样一个奇特的社会生态系统中，山头林立，宗派横行，没有是非曲直，只有宗派利益。凡事只看对方属于哪个宗族，由哪个宗主罩着，同一宗族的相互关照甚至包庇，而非我族类，其心必异，那就党同伐异，围攻之，群殴之，诛其九族。

自然地，通通快递总公司内部派系冲突不断，就像黑道帮派争夺地盘一样，整天"打打杀杀"，斗来斗去。至于拉帮结派、争权夺利，挑拨离间、造谣生事，扯街骂巷、打架斗殴，酗酒闹事、鸡鸣狗盗等烂事，每天层出不穷。总部的混乱局面，虽然由于"自组织，自管理"连锁加盟模式的隔离性作用，还不至于影响到各地加盟网点的经营，但成天面对鸡零狗碎、鸡鸣狗叫、鸡飞狗跳，还是让老板不胜其烦。最终老板痛下决心：在公司内部全面推行制度管理，用法治代替人治，以制定和实施"违规违纪量化考核制度"为突破口，力争用一年左右的时间在总公司建立正常秩序。

量化考核，说得轻巧。面对这一大帮在总公司横着走路的"皇亲国戚""元勋功臣"，以往那些靠评估打分混饭吃的考核方式，多半只能傻眼了。指标设定得再好，谁去评估？谁敢去摸老虎的屁股？

事实上，面对每天多如牛毛的违法乱纪现象，总公司也曾出台过非常严厉的处罚规定，对违规违纪行为予以重罚，但效果近乎为零。读者从以下匪夷所思的违规违纪惩戒规定中，不难想见公司的乱象。

表 7-1

序号	违纪内容	处罚金额
1	工作时间在公司宿舍嫖娼或者乱搞男女关系的	500元/次
2	工作时间在公司办公场所聚众赌博、打麻将的	300元/次
3	工作时间在公司办公场所喝酒、拼酒、耍酒疯的	200元/次
4	工作时间在公司玩游戏、看电影、浏览黄色网站的	100元/次
5	煽动员工或社会闲杂人员闹事，影响公司正常工作秩序的	500元/次
6	打架斗殴，动用匕首、大砍刀、大片刀或其他管制刀具的	500元/次

很明显，通通快递总公司违规违纪量化考核制度，只能另起炉灶，从头设计。现在，你——一名刚出道的管理制度设计师，接下了这一高难度的设计任务，准备着手设计，可从哪里开始呢？

一、外部环境调研：社会"宏制度"与商业生态圈

设计管理制度要先了解企业外部环境

管理制度设计的第一步是做什么呢？

有人说是价值取向，即首先设定制度理念，才能为制度设计提供指引，用公平、正义、人权等"指路神灯"照耀着前进的方向。譬如"正义是社会制度的首要价值""一个保护人权的制度就是好制度，一个侵犯人权甚至不承认人权的制度就是坏制度"[1]。

有人说是人性假设，即首先假定人性善恶，才能为制度设计打好基础。"必须把每个人都设想为无赖之徒"，因为"从好人假设出发，必然设计出坏的制度，而从坏人假设出发，则能设计出好的制度"[2]。

---

[1] A. J. M. 米尔恩. 人的权利与人的多样性——人权哲学 [M]. 夏勇，张志铭译. 北京：中国大百科全书出版社，1995：1.
[2] 弗里德里希·冯·哈耶克. 通往奴役之路 [M]. 王明毅，冯兴元译. 北京：中国社会科学出版社，1997.

有人说是模型构建，即首先建立行为模型，不管问题有多复杂，假设几下，划拉几下，几个方程就全部搞定了。正如某些经济学家的拿手好戏，"只要将复杂经济行为简化为一个线性方程，然后求出其帕累托最优解……从此就可以一劳永逸了"[1]。

唉，在这些人看来，地球不是绕着太阳转，而是绕着他的脑袋转，绕着他的脑袋里那些神圣而伟大的理念、假设、模型转。他们一切都先入为主，主观臆想，闭着眼睛想当然，睁着眼睛说梦话。而真正科学的态度，是不作预设，没有预设，到企业中、到现实中去寻找答案。制度设计究竟选择何种指导思想更有利于问题的解决？企业中的多数人到底是善还是恶？都有着怎样的思维模式和行为方式？这一切都要通过调查才能弄清楚。不做调查，凭什么定理念？凭什么做假设？凭什么建模型？一句话，没有调查就没有发言权。

制度设计的出发点，只能是脚踏实地搞调研，实事求是地摸情况。

不过，制度设计的调研顺序，与传统做法不同，不是由内而外，而是先外后内、由外及内。首先要了解的，是企业外部的"生态环境"，重点是企业外部的社会"宏制度"体系。这是因为：任何企业组织都生活在由法律法规、伦理道德、习俗惯例等塑型的社会关系网络中，这些既有规则传承多年且不断演绎着，交织成为庞大的社会"宏制度"体系。企业在制定内部管理制度时，只能在社会"大规则"的前提下去制定自己的"小规矩"，只能在社会"宏制度"的框架内去设计自己的"微制度"，甚至还要从"宏制度"中移植大部分的内容和形式。

三个层次的社会"宏制度"

现实中，社会"宏制度"体系围绕在企业周围，时刻都在给企业内部的"微制度"体系施加着无形的压力，导致企业内部的管理制度产生"表面相似性"。即甭管企业自身实际情况有多么不同，都要与周围宏制度环境"相

---

[1] 方新民. 范式分析：新古典经济学与经典力学的比较研究[J]. 学术探索，2001，(1): 7~9.

似"。有样学样，依样画葫芦。譬如社会舆论将产权清晰、所有权与经营权相分离的做法叫"现代企业制度"，若不按这一套路来，就是"非现代企业制度"。尽管用"现代""非现代"去贴标签并不合理，因为制度适用、有用才是硬道理，无所谓现代不现代；但在别人眼里，"非现代"就会被视为过时的、落后的。因此，企业并不是可以我行我素的"独立王国"，即使对自己明显不适用的东西，有时候也不得不违心地做个样子给社会上的"热心婆婆"看。

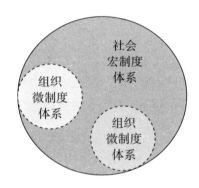

图 7-2 社会宏制度与组织微制度关系示意图

正因为如此，制度设计师必须弄清楚：社会"宏制度"中哪些是能碰的，哪些是不能碰的；哪些是必须承袭的，哪些是可以发挥的。

首先要承袭的，便是生产资料所有制，时尚的说法叫产权制度。产权制度是社会"宏制度"体系的核心，因为生蛋的鸡远比蛋重要。企业设置产权制度，大多以社会通行的所有制形式为模板进行复制。如果有哪个企业不识相，不愿随大流，产权安排与众不同，往往会招致他人的非议乃至攻讦。例如南街村、华西村等产权制度上的"另类"，就曾经被一些无聊小报大批特批。因而如无必要，制度设计师最好不要触动这一块。

其次要承袭的，是为生产资料所有制运行保驾护航的社会制度，譬如在劳动合同、环境保护等方面的法律规定。这些制度构成社会"宏制度"体系的中间层。在这些硬性规定面前，基本上只有老老实实服从的份儿；能做的，就是要点小聪明，动点歪脑筋，打点"擦边球"，但不要违背法律与社会公德。

最后要承袭的，是与生产资料所有制关联性不大，但又受所有制形式影响的细节性规定，如在行业中普遍实行的招聘程序、薪酬制度、晋级规则等。这些制度构成社会"宏制度"体系的外围层。这一层面的制度，既可以借鉴、参照甚至全盘复制，也可以修订、更改或者推倒重来。只有在这里，你是老板你做主，你的地盘你做主。

这三个层次的社会"宏制度"，内层决定外层并由外层表现出来，越靠近核心，"禁区"越多。因此，制度设计师不要奢望能在艺术创造的广阔天地里自由翱翔，只能"戴着脚镣跳舞"，小心翼翼地在"螺蛳壳里做道场"。

企业外部的"软"环境与"硬"环境

此外，社会"宏制度"体系还有一个庞杂的构成，即伦理、道德、习俗、惯例、行规等非正式规范。这些不成文规则，虽然大多不具有强制性，但通过长期的浸润，已经深入到人们的下意识里，成为他们日常的生活方式和思维方式。如果不遵守，就是与公众意识相对抗，就会被"天下人共讨之"。对于这些不成文的社会规范，制度设计师也应当熟悉之、敬畏之、遵循之，毕竟是"道德使法律成为可能"。

2004年，西班牙小城埃尔切发生的火烧温州鞋事件，就是温州鞋商因国人的惯常做法和当地的商业习俗激烈冲撞而收到的"黄牌警告"。

温州鞋商把生意做到欧洲后，不是想方设法入乡随俗，而是仍按国内的老套路行事。譬如，温州鞋到达目的港后，大多自个儿开店直销吃独食，不进入当地批零渠道，不雇用或少雇用当地人；又如，温州鞋商往往不理会当地商业习惯，节假日也照常营业，时间还特别长，有时半夜起来做卸货、理货等工作。这些都让当地居民难以理解和接受，日积月累，最终酿成了针对华商的抗议活动和暴力事件。

国外如此，在被孔孟之道、儒家伦常统治了数千年的中国，更得注意这一点。

一方面，伦理、道德、习俗、惯例等与其他社会"宏制度"共同构成制度设计的外部约束；另一方面，它们也给企业内部"微制度"体系不断提供着养分，是企业外部"软"环境的重要组成部分。

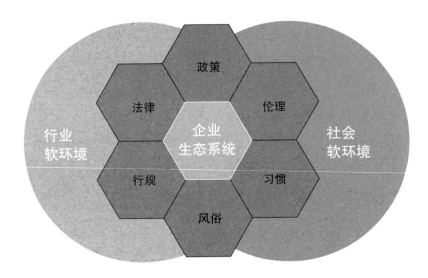

图 7-3 企业外部生态"软"环境

除了"软"环境,还有"硬"环境。制度设计的外部生态调研,既要重点了解社会"宏制度"体系,也要通晓企业外部环境中的"硬"因素,以便为制度设计提供充分的背景认知和坚实的设计依据。

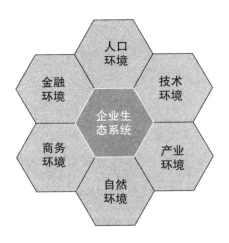

图 7-4 企业外部生态"硬"环境

需要强调的是,企业外部调研关注的焦点,仅仅是企业居于其中并赖以生存和发展的商业生态环境,而不是像传统的行业调研报告,将世界形势、国际金融、宏观经济、人文地理等全都捋一遍。这些宏观因素似乎都会影响企业的经营与发展，都能扯上关系，但好像也没多大关系。管理制度设计调研需要关注的，不是远在天边的古今中外、国际国内，而是紧紧环绕企业的商业生态圈。

综上所述，管理制度设计不仅是一个企业的内部事务，而且涉及企业的外部环境，设计者首先要面临承袭外部社会规范的问题。企业内部"微制度"能否有效地运行，也取决于它与外部"宏制度"之间的适应性与和谐度。因此，与其说制度设计是一个运用智慧、制定游戏规则的过程，不如说是一个动态调和，在内部规则和外部环境之间寻找平衡的过程，更不如说是一个放宽视界，把内部规则与外部环境结合起来统筹规划的过程。

管理制度设计的第一步，是外部生态调研，去了解、洞察企业的外部环境。

二、内部生态调研：种群、群落与关系网络

企业是一个由许多人组成的社会生态系统：来自于五湖四海的各色人等在这里汇聚，碰撞、冲突、融合，由个体形成种群、亚群落、群落，最后聚合成为一个姹紫嫣红、五彩缤纷的社会生态系统。

企业也是一个文化生态系统：来自于四面八方的各种思想观念、价值取向、行为习惯、生活情趣等，在这里汇聚、碰撞、冲突、融合，最后融合成为一个万紫千红、五彩斑斓的社会文化群落。

企业是一个人的生态系统，一个文化的生态系统。一旦我们树立起这样的观念，企业的经营和管理，在我们眼中便和过去不一样了，譬如企业文化建设。当大自然以生物多样性与物种间和谐共生向我们展示出勃勃生机之时，那些妄图建立理想、信念、意识、情感"大一统"的企业文化建设者，却只会按照自以为是的标准，抡起斧子，将看不顺眼的杂花野草、枯藤老树砍得一干二净，硬要把企业中的人及思想修葺得整齐划一，还美其名曰"凝聚、导向、教化"。这种做法，使得原本植被繁茂、草长莺飞的企业文化群落，只

剩下几棵参天大树孤零零地杵在那儿。如此单调景象，有何美丽可言？生态系统的生命力在于多样性，企业文化生态系统也是如此，所以企业文化建设可以有"主旋律"，不能搞"大一统"。非要将那些不够"高大上"的思想、行为、习惯等"赶尽杀绝"，企业文化建设就成了企业文化压迫，可"杂花野草"是铲除不了的，因为它们是平凡琐碎生活不可分割的有机组成部分。"纯化"的结果，只能是你唱你的文化高调，我过我的平常日子，所谓的企业愿景、使命、价值观，只会沦落为贴在墙上的干瘪口号。

企业是一个社会生态系统，认识到了这一点，就不会使用传统方式对企业内部进行制度设计调研。传统的做法，是调研者发几份问卷，做几次访谈，再做几下统计，便得出结论。可这种蜻蜓点水般的调研，真能对企业生态了然于胸吗？制度设计应该采用的是"潜伏式调研"，即设计师隐匿身份，在企业工作一段时间，该上班上班，该下班下班，与员工同吃同住同工作，亲身体验，用心体会，嗅闻企业的气息，倾听企业的声音，以便切身感受企业内部各色人群的所思、所想、所忧、所盼。

所以，一名好的制度设计师，绝不会下车伊始就叽里呱啦，而是调动自己的一切感官，去感知企业内部的生态格局、生态关系和各种生态因子。当然，除了全方位的切身感受和细致体验，也需要对一些方面重点调研，包括企业文化群落、内部关系网络和现存管理问题。

首先是企业文化群落。文化虽然是意识形态领域里的东西，但不可能脱离当事人所处的社会地位、经济状况和生活环境。"活"的文化只能由一群"活"的人作为载体去呈现出来，这便是文化种群。譬如在通通快递，文员、业务员、技术员都属于底层职员，但他们在组织中的地位、收入乃至立场、观点、情感等却有很大的不同，进而形成行为举止、爱好习惯等有着明显差异的文员种群、业务员种群、技术员种群。不同的文化种群在企业内部有机组合，就会形成文化亚群落，如办公室文化、部门文化。这些文化种群、亚群落，在企业文化生态系统中，高低错落地分布而又相互影响，形成了一定的空间结构。

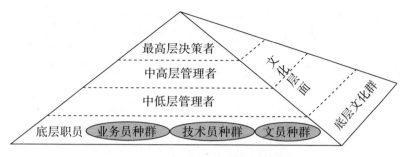

图 7-5　企业文化种群关系示意图

只要有人群聚集的地方，就会形成文化群落，就会有花花草草、枝枝蔓蔓。任何一项管理制度，都不是在一无所有的空地上落地生根、开花结果的，而是在长满杂花野草的田野里发芽抽穗、茁壮成长的，管理制度的生命力既取决于自身，更取决于企业文化生态。而在企业文化生态系统中，越是那些底层的植被，越是那些稀松平常的思想、观念、习俗、惯例，才越被人们在日常交往中实际遵循，才越有可能成为管理制度的生态基础，因而也是企业文化生态调研重点关注的。

其次是**企业内部关系网络**，包括纵向关系结构与横向关系结构。纵向关系结构，是指组织内部自上而下的"产权—委托—代理"关系链条。老板之所以为老板，可以发号施令，是因为他掌握资产，拥有企业产权。只要他愿意，完全可以大权独揽，乾纲独断，但为使资产更好地保值增值，多数情况下还是要聘请总经理。总经理聘任经理，经理聘用员工，层层授权，层层管理，从而在组织内部形成责、权、利的分配格局。权责格局的动态运行变化，远比纸面上的组织架构图和管理权限表生动得多，丰富得多，同样也需要深入调研才能弄清楚。

企业内部的横向关系结构，是指围绕流程、进程和线程而生成的分工与协作关系。企业内部按照分工原则被分割成若干个功能模块，业务流程及其上的管理流程，就像一串念珠，将分割后的各个功能模块、分工后的各个岗位衔接起来。譬如，通通快递主流程被分割为收件、中转、分拨、派送四大环节，它们相互衔接，这使各环节只有团结协作，紧密配合，才能将快件安全、准确、快速地送达收件人。

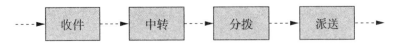

图 7-6　通通快递公司内部流程的串联关系示意图

流程还可被细分为若干个更小的线程，线程之间往往是并行的，因而大多存在着竞争关系，可以在管理实践中巧妙地利用这一特性。譬如通通快递分拨中心，原本只有一条流水线，大家都在上面忙碌，前面的人分拣不完，后面还有人补漏，结果大家都指望别人多拣点，效率反而很低。后来，一个分拨流程被分解成三个并行线程，一条流水线被拆分成三条。有对比就有压力，因为在同样的工作时间里，不同的流水线分拣出的快件数量明显不同，孰优孰劣，一目了然，自然而然就会形成内部竞争，提高工作效率。

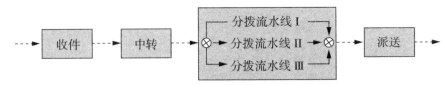

图 7-7　通通快递公司内部流程的并联关系示意图

流程和线程是静态的，企业真正运行着的，是动态的进程，包括主进程、分支进程、辅助进程、监测进程、例外进程等。进程需要精密设计，密切配合，才能做到整体最优。但大多数企业对进程没有概念，更谈不上对进程的时序、缓冲、并发、同步等进行周密规划，企业里的实际进程往往是自发的、离散的、凌乱的，需要制度设计师花大力气进行调研和梳理后才能弄清楚。

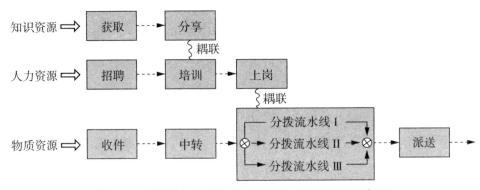

图 7-8　通通快递公司内部流程的耦联关系示意图

倘若把组织看作是一张网，那么，组织内部的产权、委托、代理，就像从上到下的经线；组织内部的流程、线程、进程，就像从左到右的纬线。有了这一经一纬，便勾勒出组织内部关系网络的主体框架，制度设计师就能把表面上看似杂乱无章的"人的关系"，用一条逻辑主线贯穿起来，在头脑中形成清晰有条理的企业内部关系格局；就能在后续的分析和设计工作中，做到胸有成竹，游刃有余。

最后是**企业经营管理方面的问题**，调查包括分层面去研究在商业模式、业务流程、制度体系、组织形态、企业文化等方面存在的问题；以及分职能模块去研究在生产、销售、财务、人事等方面存在的问题。"潜伏式调研"的一个好处，就是能发现企业在日常经营管理中发现不了的藏在桌子底下的问题。此外，在问题调研中，制度设计者还应采用"追溯式调研"，发现问题，追根溯源，刨根问底，从而顺着问题链将更多的问题找出来，然后进行归纳和总结。当然也要弄清楚，现有制度的缺陷是什么，为什么解决不了现有问题。

杨树易栽易活，具有极强的适应性和生命力，可如果非要在生态条件不支持的荒漠沙地里栽种，也只会"年年种树不见树"。同样的，管理制度也不是想栽什么就栽什么，想怎么栽就怎么栽，而是要根据企业内部生态条件，"宜树则树，宜草则草，宜荒则荒"。能否充分了解并准确把握这些生态条件，是制度设计能否取得成功的关键。

三、界定制度主体及其利益诉求

关系格局明晰后，接下来，就要确定制度主体及其利益诉求了。

"山头"也可以作为制度主体

确定制度主体，也即确定游戏规则中的"玩家"，对于通通快递着手制定的违规违纪量化考核制度来说，即是要明确制度体系中的主体都是谁：执行者（考核者）是谁？监督者是谁？被执行者（被考核者）是谁？被影响者又是谁？如何才能让他们服从"剧本"的安排，积极地扮演好自己的角色，主动地承担起自己的职责。

通通快递总公司是一个家族企业，家族企业是有其优势的：把持各部门的"皇亲国戚"，都把自己当成了"准老板"，个个劲头十足，勇于担当，在他们眼里，企业的事情就是自己家里的事情。管理者的"主体归位，利益内嵌"问题，在家族企业中较少遇到，需要解决的，乃是如何将"皇亲国戚"个人的"家族荣誉感"，扩展为整个团队的"集体荣誉感"，带动其他人一起实现企业的管理目标。

通通快递总公司还是一个宗族企业，同一个部门、科室、班组，大多来自于同一个家族——叔叔、侄子、堂兄、堂弟等，且以宗主为轴心，以宗亲关系为轴线，形成了一个个"山头"。"山头"内部自有"族规""家法"等，管束效果远比公司规章制度好得多。这一点其实并不是坏事，万物皆为我所用，经过巧妙转化，化腐为奇，完全可以在设计通通快递总公司的违规违纪量化考核制度中予以利用。

既然通通快递总公司内部关系的主要构造单位是"山头"，那就索性以"山头"作为制度主体，建立起以"山头"为考核单位的违规违纪量化考核制度。"山头"可能是一个部门或一个班组，也可能是几个部门或几个科室合在一起共同作为一个"山头"，只要这些员工都是来自同一个宗族，就是一个"山头"。换句话说，就是将同一宗族的人，包括管理人员和普通员工，作为一个"利益共同体"来对待，制度奖惩，利益挂钩，都以"山头"为单位，在"山头"层面上进行。至于"山头"内部怎样督促、怎样激励、怎样奖惩、怎样分配，则是"山头"内部的事情，自有"族规"和"家法"管束，公司没必要管得太多。

之所以采用"山头"作为制度主体，毋庸讳言，是基于通通快递总公司的现实状况。公司内部实际上是由大大小小的"山头"所组成，短期内不可能铲平，即便铲平了，也会重新生成，"野火烧不尽，春风吹又生"；而在"山头"内部，通同一气，互相帮衬。既然如此，通通快递总公司的违规违纪考核，还不如索性就在"山头"层面上进行。

事实上，通通快递总公司也曾聘请过职业经理人来管理，但大都乘兴而来，铩羽而归。原因就在于，他们没有认识到公司内部其实是一个村落，充盈着浓厚的农民式人情世故，他们却仍然按照老套路，把目标层层分解，具体到岗，量化到人，然后要求各位经理按照标准去严格考评。这种做法无异于逼着各位"山头老大"拉下面子，六亲不认，去开罪自己的七大姑、八大姨。经理们自然是阳奉阴违，敷衍塞责，逼急了便公然抗命。因而凡是针对个人的考核，最终都以失败而告终。

至此，公司违规违纪量化考核制度的主体就确定为宗族"山头"。那么，面对违规违纪考核与奖惩，各"山头"的利益诉求是什么？

"唱大戏"也可能是利益诉求

各"山头"关心的利益点是什么？近两年，公司对违规违纪乱象也曾采取过各种措施，而对降低违规违纪事件发生率有明显作用的，是经济奖惩和宗族荣誉（譬如评为优秀部门的，老板在春节期间包戏班子到其村里唱大戏，

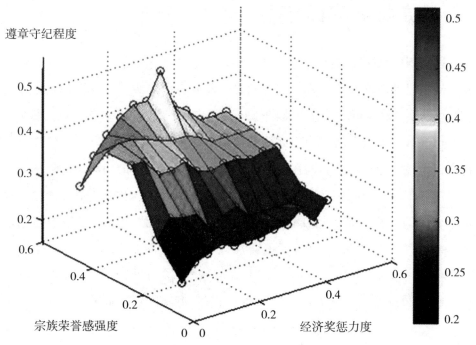

图7-9　通通快递总公司内部遵章守纪的控制因素

以示荣耀）。这说明，各"山头"在此问题上呈现出来的主要利益诉求，是经济利益与宗族荣誉感。其中运营部、财务部等"山头"的第一位追求是经济收入，而在信息中心、客服部这些"山头"里，最看重的是"春节唱大戏"，因为那样的话，他们回到村子里可以昂首挺胸，全家都有面子。笔者通过与老员工拉家常，再查阅通通快递总公司历年的"优秀表彰"和"违规违纪处罚"档案，用插值法补齐数据后，便绘制出如图 7-9 所示的遵章守纪控制因素量化关系图，为下一步的制度分析和设计工作打好基础。

确定制度主体及其利益诉求，过程有时候可以倒过来，即先确定利益诉求，再确定制度主体。当管理制度所针对的具体问题或事项，其各相关方的利益诉求既直观又明了时，可以先分析这些利益诉求并进行归类，将利益诉求相同或基本相同的人群归并为一方，如中层干部阶层、年轻女工群体、一线业务部门等。根据不同的利益诉求划分出来的不同群体，即是制度主体。

四、确定制度设计的目标、理念和原则

确定制度设计的目标

制度设计的核心要义，是引导利益主体去自动地实现制度目标。确定了制度主体及其利益诉求，接下来的任务，就是确定另一头——制度设计目标。

也许有人会问，通通快递总公司违规违纪量化考核制度的目标，之前不是交代得很清楚了吗？为啥还要重复劳动？这是因为，最初给出的目标——力争用一年左右的时间在总公司建立正常秩序——只是老板的个人念想，只是单方面的意愿，是否切实可行，是否顺应各方期许，是否抓住了问题根本，都要结合新的调研材料，重新加以审视。更何况所给的目标并不清晰，何为"正常秩序"，以什么标准去衡量，都没说清楚。这就需要制度设计师在调研和沟通的基础上，将制度设计目标进一步细化、明确化、清晰化。

在此过程中，还要尽可能将其他相关方的目标纳入进来。譬如，有些经

理想借机掌握下属的"生杀大权";而多数员工希望借此通过自身努力,获得奖励或荣誉。各方的利益追求目标都应在新的制度中得到体现,只是体现程度不一样罢了。当然,吸纳进来的各方目标,也不是不分青红皂白一股脑儿地接受,还要作"兼容性测试",那些与主要目标不兼容的次要目标,则要剔除出去。

在此过程中,还要做问题链分析,将调研中所发现的相关问题,依其关联性进行梳理,找到问题产生的逻辑,然后将问题的解决纳入目标,以确保达成制度目标,同时也从根本上解决问题。

如图7-10所示,公司加大对当事人违规违纪的惩戒力度,不会有太大作用,因为对当事人来说,宗族内部的奖惩才更重要。譬如某个员工为了"山头"打架,公司处罚;但"山头"内部奖励,"斗转星移",抵消公司处罚的效力。因此,如何引导"山头"内部实现自我管束,如何减少"山头"之间的帮派纷争,才是制度需要达成的目标。

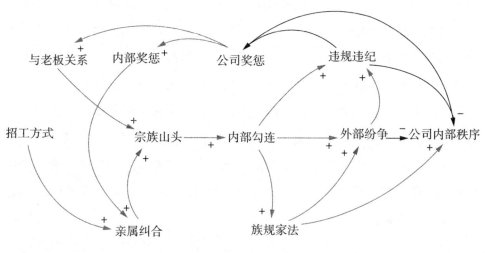

("+"代表"强化","-"代表"弱化")

图7-10 通通快递总公司内部违规违纪问题链示意图

通过以上步骤,化模糊为明确,化粗糙为细密,最终汇总出一个具体而详尽的目标集合,包括核心目标、主要目标和次要目标。设计管理制度时,应当锁定核心目标,重视主要目标,兼顾次要目标。

图 7-11 管理制度设计目标"环靶"示意图

作为标靶"靶心",核心目标一旦确定下来,制度设计就有可能"一箭定山河",但如何确定呢?管理制度作为上层建筑,是为经济基础服务的,制度设计的核心目标,自然要与企业发展战略相一致。因而确定核心目标,也须立足于企业中那些根本性、全局性、稳定性和长期性的因素,即要在战略层面上去分析。所以,企业战略分析中常用的一些工具,经过适当改造,也可用来确定制度设计的核心目标。

当然,如果企业已经有了明确而坚定的发展战略目标,也可从中转化出制度设计目标,即战略目标集转化法,从而在源头上保证制度设计核心目标与企业战略目标相一致。不同的企业战略,转化出来的制度设计核心目标乃至制度本身都是不一样的。譬如企业采用差异化竞争战略,要求制度分权、机动灵活,对员工的约束相对比较宽松;而采用成本领先竞争战略,则要求制度集权、政令统一、标准一致,通过严密的监督、严谨的程序和严格的控制来保证目标达成。

确定制度设计核心目标,也可以另起炉灶,从头开始。通通快递总公司违规违纪量化考核制度的核心目标就是采用这种方法确定的,最终明确为:"通过制度引导和奖惩,用一年时间使公司每月的违规违纪事件发生率降低80%。"

违规违纪减少80%,这样的制度目标似乎太初级,但"不积跬步,无以至千里",在一个乱作一团的环境里,任何远大的目标都是空谈。张瑞敏到海尔后所立的第一条制度是："不准在车间随地大小便！"

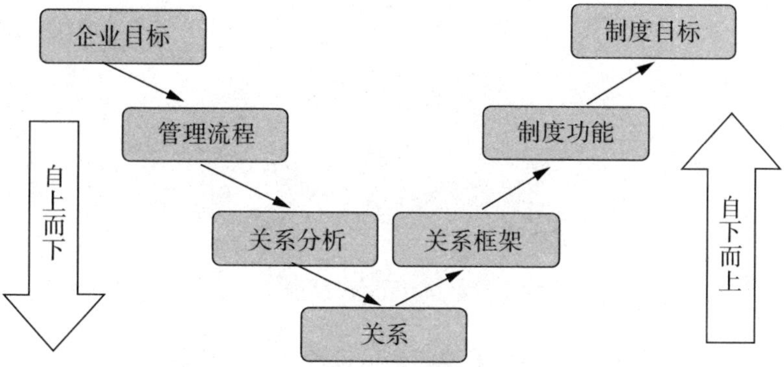

图 7-12　从企业战略目标转化出管理制度设计目标

确定好制度设计的核心目标，紧接着就要围绕"制度设计目标"，确定制度设计的理念和原则，亦即给制度设计"定框框""定调子"。

确定制度设计的理念

正确的理念从哪儿来？不是从制度设计师的头脑里蹦出来的，也不是从满大街兜售的《白金管理法则》《十项管理信条》中抄来的，更不是从《老子》《孙子》《弟子规》中摘录出来的"名言警句"。每个能活下来的企业，在其发展过程中一定会沉淀下一些东西，一些与众不同、顾盼自傲的管理理念，拂去尘土，略加雕琢，即成瑰宝。虽然很土很老帽，但最适合自己，也最有资格充当企业的立业之本、制度的立章之基。先进企业的制度之所以有效，正是因为制度及其所蕴含的理念，本身就是在那种土壤、那种环境中孕育出来的，本身就是匹配的、适合的。因此，制度设计的理念，只能来自于企业自身，从企业自身多年沉积的文化土层当中萃取出来，"吹尽黄沙始到金"。

火车跑得快，全凭车头带。没有理念的牵引，制度设计无法驶向目的地。自然地，设计出来的结果——制度本身也就被植入了特定的理念，这些理念汇聚在同一制度的屋檐下，便构成了该制度的理念集。

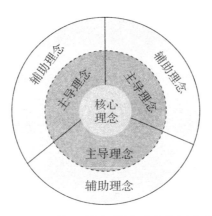

图 7-13　管理制度设计理念集示意图

如图 7-13 所示，核心理念是制度的主旋律，具有统领性、奠基性作用；主导理念围绕核心理念而展开，是核心理念的分支；辅助理念在核心理念指导下，对主导理念起着辅助作用。确定制度理念，就是要选择合适的核心理念、主导理念以及辅助理念来构建制度的理念集。其中核心理念是关键，核心理念确定下来，主导理念、辅助理念也就跟着确定了。譬如绩效考核制度中，如果选择"赏罚分明"作为核心理念，自然而然就会衍生出"公开透明，客观公正，统一规范"等子理念，最终繁衍出来一个理念的"大家族"。它们同气连枝，相互呼应，从方方面面保证制度的各项条款和规定符合所秉承的中心思想，也就是核心理念。

可见，核心理念一旦被选定，很难调头重来，最初的细微差异，最终将判若天渊，故要慎之又慎。通通快递总公司违规违纪量化考核制度的核心理念，也是经过反复筛选后，最终确定为："小锅饭"。

所谓"小锅饭"，既非"大锅饭"，也不是"各端各的碗"，而是一桌人围在一起涮火锅。"小锅饭"也是"锅饭"，只不过因为所处的层次和规模都发生了变化，结果便有所不同。打破"大锅饭"，是因为"大锅"容易产生"蹭饭"问题，都指望着别人，效率低下，而以一个团队为考核单位的"小锅"却不一样。一方面，团队范围相对较小，成员表现大家有目共睹，相互之间可以监督，一个成员工作没做好，会影响整个团队，因而在团队的压力下，不至于产生明显的"蹭饭"现象；另一方面，团队考核，又使得同一个"小锅"里的人成为一个利益共同体,"一荣俱荣,一损俱损",彼此之间的内耗、不团结也都会少很多。实践表明,很多时候,一种设计得当的集体奖励计划,要比个体奖励计划的效果更好,而且更受员工们的欢迎。

事实上,"小锅饭"理念在管理实践中早就有了。譬如复杂产品销售,单个业务员很难独立完成销售过程,如果针对个人考核,他就不会将客户信息传递给其他更有能力的业务员,那么损失的会是公司。在此情形下,就需要将考核方式转变为销售团队考核,从而内化销售人员的利益冲突,实现整体最优。华为正是通过组建客户经理、解决方案专家和交付使用专家在内的"铁三角"作战单元,凭借"小锅饭"的"团队销售"和"团队考核",锻造出超强的全球竞争力的。

确定制度设计的原则

制度不是制度设计师自我意志随心所欲的产物,设计过程还需遵循一些原则。理念是车头,但火车跑得稳,全凭铁轨牢,如果少了原则的约束,制度设计就有可能冲出轨道,发生倾覆。自然地,设计出来的结果——制度本身,也就或隐或现地闪烁着这些原则的光芒。

原则往往是对称的,有正必有反,有扬必有抑,有上限必有下限,因此,我们要从正反两方面对制度设计进行约束。譬如,制度设计遵循简便原则,要求简单、简单、再简单;但也不能简化过了头,该交代的不交代,该说明的不说明,回头还得出台制度的相关解释。又譬如,制定违规违纪行为惩戒规

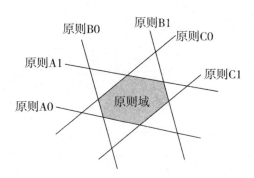

图 7-14 管理制度设计原则域示意图

定，也要遵循一定的原则，就连罚款额度也不能随意设置：既要有上限——"不得多于多少钱"，又要有下限——"不得少于多少钱"。这些对称原则，汇聚在同一项制度中，便构成了该制度的原则域。

原则是为理念护航的，有什么样的理念，就有相配属的原则。与"小锅饭"理念直接对应的，是"小包干"原则——将违规违纪管控的任务包给"山头"，但低于公司规定的下限则罚，高于上限则奖。

具体来说，在违规违纪问题上，将宗族"山头"作为考核单元，奖励、处罚对象都是整个"山头"。至于在"山头"内部，谁来担责、谁受奖励，谁多些、谁少些，公司没必要去介入。这样做，一是因为通通快递总公司内部诸多乱象的总根子是"山头"纷争，"一人生病，全家吃药"，逼迫"宗主"想办法约束其族人少惹是生非；二是因为"山头"内部自有一套基于"宗法人情"的分配规则，辈分高的多点，辈分低的少点，亲兄弟多点，堂姐妹少点，其中的微妙之处，是外人很难拿捏得了的，所以还不如让"山头"自行安排，"小包干"得了。

至此，通通快递总公司违规违纪量化考核制度的核心目标、理念和原则，经过踏踏实实的调研和认认真真的分析，都被确定下来了。虽然没有选择像"星宿老仙，法力无边，攻无不克，战无不胜"之类喊得震天响的神圣口号、普世理念、伟大原则，但却是从公司自身生态系统中萃取出来的，适合自己才是最好的，朴实无华才更实用。

Chapter 8

第八章

管理制度设计跟我学之二

只有将制度目标转化为制度主体自身的利益诉求,制度主体才会自动自发地实现制度目标。

本章概览

在本章中,笔者围绕着"'利益结'的构造"这一制度设计的关键点,介绍了制度设计流程的第二个阶段,即科学化分析。"'利益结'的构造"是指将当事人的利益追求目标与制度目标绑定在一起,要想完成它,必须先进行几道工序:为了弄清楚单个主体的利益追求,要进行利益势分析;为了弄清楚多个主体的利益追求的相互作用、相互制约的关系,要进行博弈论分析;为了弄清楚多个主体的利益追求的相互作用的整体效果,要进行系统论分析。在制度设计中,这三种分析都是不可或缺的,只有严谨地进行了这三种分析,才能科学地完成"利益结"的构造。

"没有数学，我们无法看透哲学的深度；没有哲学，我们也无法看透数学的深度；而若没有两者，我们就什么也看不透。"[1]

——波尔达斯·德莫林斯

透过前一阶段的工作，一方面，确定了制度主体及其利益诉求；另一方面，确立了制度目标。接下来的任务，就是将二者联结起来，即在理念的指引和原则的约束下，将制度目标转化为制度主体自身的利益诉求，从而借助当事人追求自身利益的"原动力"，借风使船，顺水推舟，来自动自发地实现制度目标。

怎样做到呢？办法很简单，构造"利益结"。所谓构造"利益结"，其实就是将当事人的利益追求目标与制度目标绑定在一起。这样一来，当事人在追求自身利益的同时，会自觉或不自觉地采取与制度目标相一致或相协调的行动，制度目标搭上"顺风船"，自然就能到达"目的港"。

图 8-1 "利益结"示意图

因此，能否构造出"利益结"，是设计"自运行制度"的关键点。如果做不好这一步，前面的工作都白搭，制度的目标、理念、原则，设定得再好，都在天上飘，落不了地。

---

[1] 转引自张顺燕. 数学的思想、方法和应用 [M]. 北京：北京大学出版社，1997：7-8.

一、利益结构造

"利益结"的构造，无外乎有两种方式：硬性安排或者客观机制。硬性安排是传统的粗糙做法，将当事人的行为与预设目标强行挂钩，前进一步奖两元，后退一步罚一块，但由于往往还要额外配备管理者执行检查、统计、考核、监督等工作，费心费力不说，效果也未必好；而利用客观机制去打"结"，省心又省力。譬如在服务行业中，客人自愿给的小费，就成为员工服务水平与其经济收入之间的"利益结"。这种关系不用人为安排就自然地存在着，无须管理者操心和干预。

只是在企业中，这种天然形成的"利益结"毕竟很稀少，更多的"利益结"，还要靠人们利用客观机制去创造出来。可要找出合适的客观机制并实现"自激励""自约束""自协同"，并不是一件容易的事，而且也不能保证所有的"利益结"都能够通过客观机制去构建出来，这也正是设计"自运行制度"的难点所在。

那么，怎样才能利用客观机制将"利益结"打得精巧而稳固呢？有三个关键点需要把握：结点、结法、结距。

首先是**结点**，也就是围绕着哪一点来打"利益结"。现实社会中，即使没有外在的激励，人们也已经自发地具有内在利益诉求，利用客观机制顺"势"而为。这个"势"，便是人们内在的、自发的利益追求。所以，构造"利益结"，首先应当立足于当事人自身的利益追求目标。

每一个活生生的人，利益追求是多方面的，物质的或者精神的，经济的或者情感的，货币的或者非货币的……从而形成一个多元化的利益诉求集合。不同的人或群体，利益诉求集合所包含的内容有可能大相径庭，只有摸清"底牌"才能投其所好、顺势而为。譬如当事人是个素食主义者，非要给他大鱼大肉，肯定不起作用甚至引发反感。

人类步入商品社会后，几乎所有的领域都被商品化、货币化了，人们希望得到的一切，几乎都要通过货币交换而来，原本五彩斑斓的利益追求就简化为金钱崇拜。可总有那么一些精神追求、情感追求，譬如领导的赞誉、同事的和睦、家庭的和谐、邻里的敬重，是靠金钱买不到的，在多数人的利益诉求集合中仍然占有重要的位置，多数人的利益追求也不止经济收入一个选项。要借当事人利益追求之"力"，就要实事求是地分析当事人在利益追求方面的多种选择和可能选项。如果像某些经济学家那样，整天待在象牙塔里臆想，把人都一味地想象成"经济动物"，就不可能直面丰富多彩的现实，解决实际问题。

譬如在通通快递总公司，各个"山头"所追求的利益目标，除了物质层面的经济收入外，还有精神层面的宗族荣誉，所以需要打两个"利益结"，既有"经济收入结"，又有"宗族荣誉结"。当然，某种外在激励的强化，也可能导致被激励对象的利益追求方向发生偏转，因而在设置结点时，需要辩证把握，灵活构造。

其次是**结法**，顾名思义，也就是"利益结"的打结方法。船上的水手根据不同需要打出不同的绳结，如防脱结、牵引结、蝴蝶结等；"利益结"也有多种打法，适用于不同的领域、对象和松紧程度需要。例如，都是围绕"经济利益"去打结，打法不一样，效果也不一样。

中恒公司（应企业要求采用化名）拥有上千人的销售队伍，每年年底开年会，按照业绩评选优秀业务员并予以重奖，奖金少则数万，多则数十万元。但公司一直头疼的是：如此高额的奖金，也不能保证留住优秀人才。巨额奖金发放后，越是优秀的业务员，越有可能选择离职创业，自立门户，巨额奖金反倒成了离职人员的创业资本。

笔者到公司调研时，发现门口停了许多豪车：宝马、奔驰、路虎等。细问之下才弄明白：在公司所处的行业，客户往往庸俗地通过座驾去甄别公司实力。为了开展业务，公司部分高管便刻意攒钱买了豪车。

根据这一情况，笔者建议调整公司年终奖励方式。同样是撒钱，不同的撒法，效果是不一样的。调整后，年终对优秀业务员奖励不同级别的豪车，购车首付款由公司年终奖承担，并且公司会以按揭贷款的形式付清余款，车贷会在三年后还完，那时豪车才能过户到业务员个人名下。这样一来，既在公司年会上营造了热血沸腾、激情澎湃的重奖气氛，又便于业务员展示"土豪"形象，方便开展工作，同时还形成了稳固的留人机制。

打"利益结"时，有时要绕远一点，将第三方绕进来才能更牢固。譬如，税务部门在税务发票上设置兑奖联，鼓励消费者索取发票，便起到了加强税收征管、减少偷税漏税的作用。一张小小的有奖发票，在税务部门、商家和消费者三方之间构造出了一个稳固的"利益结"。

最后是**结距**，也就是"利益结"打多大才合适。譬如有奖发票，最高奖金太小，不足以诱导消费者；中奖概率太高，地方财政有压力。怎样恰到好处，才能让消费者既有强烈念想又不至于奖金成本过高？这不能靠"点子公司"拍脑门拍出来，也不能靠"头脑风暴"凑智慧凑出来，拍脑门、凑智慧，所得到的仅仅是一些零散模糊的认识碎片，远远达不到设计利益诉求转化机制所需要的精确程度。要想准确把握利益诉求转化中的数量关系，仍然得靠"算"，只有经过严谨的数据分析和缜密的数学计算，才能做到心中有"数"，设计有"度"。

"算"并不意味着需要一大堆吓人的数学公式，许多时候，简单的加减乘除和图形表格也能获得令人满意的效果。"利益结"的计算和构造，一般分三个层次展开，即单个主体的利益追求（利益势分析）、彼此之间的相互博弈（博弈论分析）和系统整体运行态势（系统论分析）。具体来说：计算并调整各方利益势，使其合力的方向指向制度目标；如果不行，计算和调整各方博弈结构，使其互动博弈导向制度目标；如再不行，计算和调整系统控制参量，使其动态演化趋向制度目标。这三种方法，是按从简单到复杂的顺序，依次使用的。

二、利益势分析

为什么一个人、一个企业能够成功

一个人、一个企业之所以成功，在很大程度上，不是因为他优秀，不是因为他卓越，不是因为他勤奋努力，不是因为他道德高尚，不是因为他喝过

"心灵鸡汤""心灵鸭汤",更不是因为他学过"成功学""励志学"……虽然这些因素也非常重要,但都不是决定性的。

人是社会的人,企业是社会的企业,成功是就社会层面而言的,因而只能到与社会的普遍联系、相互影响、相互作用中去寻找答案。一个人、一个企业之所以成功,是因为他的成功能给别人带来好处,利益相关者有意无意地希望他成功,推动他成功,他才有可能成功。一言以蔽之,一个人、一个企业的成功是其他人追求利益的副产品,是各方"合力"作用的结果。

制度目标的达成,也是相关方追求自身利益的"副产品",也是被各方"合力"推着实现的。只是这个"合力",实际上不是"力",而是"动量"——利益追求动量(利益势),包括利益追求动力以及作为物质基础的各种资源数量,即:利益追求动量=利益追求动力×可运用资源数量。它反映了不同的人或群体在制度中所能发挥的作用的大小,至于作用到底大还是小,取决于他的预期利益目标有多高,实现预期目标的决心有多强,以及为达成目标可运用的资源有多少。

利益势分析是制度设计不可或缺的一道工序,即便只是大致的、模糊的分析,也好过没有分析。只有准确把握利益诉求转化中的逻辑和数量关系,才能为制度设计奠定坚实的科学基础,在此基础上再加入巧妙的艺术发挥,才能实现制度设计"科学与艺术的统一"。

利益势分析的三个步骤

利益势分析通常是分三个步骤进行的。

第一步,弄清楚每一方制度主体利益追求的"箱中宝物"。

到目前为止,人类行为的最本源驱动力还是两个字——利益。自运行的制度,依托的也是当事人的利益追求,但人们的利益追求是一个多元化的、多层次的目标集合。即便是经济利益追求,也不仅限于金钱,而是以信息、知识、权利、文化等各类经济资源所表征的各种财富形态,虽然许多资源都已经货币化了,但仍有一些资源无法通过货币换得。是以在多数人的利益追求集合中,金钱并不是唯一选项,而是有着丰富多彩的组成,到底有哪些?

需要仔细盘点才能弄清楚。

第二步，弄清楚每一方制度主体利益追求的"强烈程度"。

弄清楚各方利益追求的具体内容，接下来，还要弄清楚各方利益追求的"强烈程度"——利益追求动力。

利益追求动力=（预期利益－现有利益）/预期实现时间。其中，预期利益是指对通过自身努力达成利益目标的可能性及对应收益的估计。譬如一家小卖店，年初时预计到年底能够努力达成的净收入，10万元的可能性为三成，15万元的可能性为六成，20万元的可能性为一成，则预期收益为10万元×30%＋15万元×60%＋20万元×10%＝14万元；该小卖店当年的经济利益追求动力即为14万元/年。

第三步，弄清楚每一方制度主体利益追求的"作用大小"。

利益追求动力的大小，以及为动力主体所掌控的、可以用来为这种动力提供物质支撑的各种资源数量或者说实力，直接决定了每一个人、每一个群体在制度中发挥的作用大小。有动力没实力，不行；有实力没动力，不灵；既有动力又有实力，才能发挥作用和影响。而衡量这种作用和影响的大小，是用利益追求动力与可运用资源数量之积，即利益追求动量来进行的。譬如上例中的小卖店，当年为达成预期目标所动用的经济资源为10万元，则其经济利益追求动量即为140万元^2/年。

使各方利益势之和自动趋向制度目标

计算出每一方的制度主体在不同利益方向上的利益追求动量后，借助矢量运算的平行四边形法则，得到单个主体的利益追求总动量，然后再将各方的总动量加总，就得到各方利益追求总动量之和。如果总动量之和没有指向制度目标区域，就要对各方利益追求动量的方向和大小实施适当的"矫正手术"，使之汇聚后，自动地趋向制度目标。

譬如在通通快递总公司，最看重经济收入的第一类"山头"人多势众，而更关注宗族荣誉的第二类"山头"势单力薄，导致各方利益追求总动量之和与制度目标区域之间存在较大的偏差。

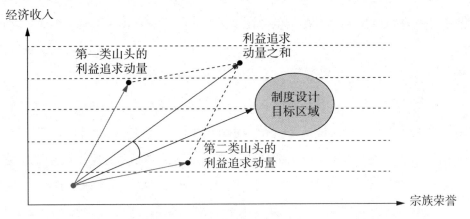

图 8-2　通通快递总公司违规违纪量化考核制度利益势分析

如何"矫正"呢？如果二者偏离不大，调整一下相关控制参量，就能引导各方的利益追求趋向制度设计目标，则只做微调就可以了。通通快递总公司的情况就属于这一类。由图 8-2 可看出，通过调整经济奖惩力度和宗族荣誉感强度这两个控制参量，就有可能改变各方利益追求动量，使其"合力"的方向最终指向制度目标；此外，还可看出要调整的对象，譬如说，要想使各方"合力"趋近制度目标，需要着力调整的，应当是经济奖惩力度，而不是宗族荣誉感强度。由此，我们初步得到了设计通通快递总公司违规违纪量化考核制度的基本思路：

"各山头的违规违纪事件数量应每月递减，递减速度低于要求的，扣罚整个山头的奖金，反之则相反。"这种经济奖惩力度，远比针对单个人的违规行为罚款数百元厉害多了。同时，辅之以宗族荣誉激励，即："遵纪守法优秀的山头，老板包戏班子到其村里唱大戏，以示荣耀。"

反之，如果二者偏离太大，微调也不行，则需进行"矫正手术"，以改变各方现有的实力格局。譬如说，调整各方的资源配属（人、财、物、信息等），调整各方的权力地位（职务、权限、汇报对象等），乃至调整主体本身（扔石头、掺沙子、挖墙脚等）。

通通快递总公司快件分拨中心，员工有上千人。天南地北的海量快件在此汇集，然后再由员工将目的地相同的快件分拣出来运走。为了防止员工将快件私自夹带出去，场地相对封闭，所以防火成了重中之重。

公司颁布了极严格的禁烟令，违者罚款200元，奖励给举报者。可这一禁令并没有起到作用，总有一些"瘾君子"在操作场地抽烟，却不见有举报者挺身而出。最终烟头引发一起火灾，虽然损失不大，却把公司管理层着实吓得不轻。在一位管理专家建议下，公司加大了违规惩罚力度，提高了举报奖金额度，在操作场地加装了监控系统，同时建立起巡查制度，公司高管轮流值夜，到操作现场巡查。但没过两天，大部分摄像头就失灵了；没过两周，高管们就熬不住了，白天要上班，晚上要巡视，个个成了熊猫眼，日常工作全乱了套。可情况没有任何的好转：每天早上操作场地清场时，仍然看到满地的烟头。

问题到底出在哪儿？笔者通过走访调研了解到：分拨中心的员工主要是农民工，做的时间长一点，资历深一点，就成为组长、班长。正是这些年龄较大的班组长，寒夜漫漫，烟瘾又大，带头违规抽烟。班长、组长抽烟，哪个员工敢举报？举报奖金是拿了，可被穿小鞋的日子还怎么过？甚至有些聪明的员工，烟瘾犯了，先给班长、组长递上一根，如果班长、组长点上了，便跟着一起抽。上行自然下效，抽烟屡禁不止。

显然，在这种情况下，单纯提高举报奖金是无济于事的。如果不对举报者和被举报者的博弈地位进行调整，重赏之下，也未必有勇夫，要从根本上解决问题，需要建立一种博弈地位的转换机制。弄明白了这一点后，通通快递总公司出台了一项新规定："员工对任何一个班长、组长违规抽烟举报属实者，经济上予以重奖，职务上取而代之，成为新的班长、组长。"自此以后，操作场地违规抽烟的现象再也没有了。

虽然效果不错，但有人提出质疑："举报者成为新的班长、组长，没有管理能力怎么办？"其实，管理能力并非"天生禀赋"，而是在实践中锻炼出来的，就算新的班长、组长不胜任，也可通过末位淘汰制筛选掉；而且与上千人的身家性命相比，局部的效率损失完全是可以接受的。再者，这一制度安排的本意在于威慑，事实证明：规定出台后，没有一个班长、组长敢违规抽烟，因为谁也不敢保证上千的员工中就没有想当班长、组长的"官迷"，抽烟就会丢官、丢工作。班长、组长不抽了，下面的小兵小将谁还敢抽？制度设计达到了预期目的。

以上做法，说到底是建立一种权力地位动态转换机制，让举报者和被举报者的博弈实力前后变化，强弱易形，从而达到制度的目的。

三、博弈论分析

利益势分析，主要是为了弄清楚单个主体的利益追求；而博弈论分析，则是为了弄清楚多个主体的利益追求的相互作用、相互制约的关系。

制度博弈的独特性

制度作为"活的游戏规则"，不是存在于纸面上或屏幕上，而是存在于制度主体的相互博弈中，而且制度博弈有其自身的独特性：

（1）重复博弈。制度每天存在着，博弈每天继续着，参与各方每天重复着昨天的故事，日复一日，年复一年，直到新的制度实施。

（2）不对称信息博弈。参与各方对情况的掌握，往往是"天知、地知、你知、我不知"，信息是不对称的。一个常见的现象，公司的风吹草动员工全都知道，员工私下的行为公司却很难掌握。

（3）随机化策略博弈。参与各方不愿让对手猜到自己的底牌，不愿让别人猜到自己下一步要出的是"石头"还是"剪子"，因而会随机化自己的策略。例如一个老是请假的员工，每次编造的理由都会不一样，上个月是"奶奶去世了"，这个月则会换成"姥姥去世了"。

既然博弈中的制度主体"大大地狡猾"，那如何巧妙地利用各方的互动博弈，来为制度目标服务呢？其实也不难，只要让博弈均衡点与制度目标相重合，当互动博弈趋向均衡时，也就趋向制度目标了。换句话说，如果制度目标就是博弈均衡点，即使制度主体不愿意朝着制度目标的方向走，但在其他方面的牵制和拉扯之下，也不得不这样做。

人为努力抓违纪，时间一长，一切照旧

在通通快递总公司违规违纪量化考核制度设计中，如果以"山头"作为考核单位，则博弈主体有三方：管理层、看重经济收入的第一类"山头"

（如运营部、财务部等）和强调宗族荣誉的第二类"山头"（如信息中心、客服部等）。和许多企业的情况类似，当公司管理层对违规违纪行为高度重视时，在大会小会上反复敲打，甚至开展专项整治活动，各"山头"就会表现出较高的自律性；可一旦风头过去，放松监管，违规违纪行为便会抬头。三方的博弈矩阵具体如下（这里为便于读者理解，直接对各方收益简单赋值，实际情况要复杂得多）。

表8-1 通通快递总公司违规违纪量化考核制度博弈矩阵示意表

		看重经济收入的"山头"（如运营部、财务部等）		强调宗族荣誉的"山头"（如信息中心、客服部等）	
		高自律性	低自律性	高自律性	低自律性
管理层	高努力	0, -3	-3, 0	0, -2	-2, 0
	低努力	3, -3	(0, 3)	2, -2	(1, 1)

注：圆圈内为纳什均衡状态

这个博弈的均衡结果，非常出人意料，那就是：通过人为努力去抓违规违纪，时间一长，管理层放弃努力，各部门放松自律。

为了遏制违规违纪行为的发生，管理层需要付出很大努力，耗费许多时间和精力，以争取管理秩序的好转，但这种努力不是无限的，会在耗费与收益相等的时候停下来，此时净收益为零；而被监管者在高压严管之下，不得不严格自律，既不自在也不舒服，净收益为负，自然能偷懒则偷懒；只要管理层懈怠，各部门就会放松自律，甚至有可能从违规违纪中获益。所以最终形成的博弈均衡，必然是低努力、低自律。这也正说明：靠人为努力去抓违规违纪，只能是一阵风接一阵风地刮，可再强健的老虎也有困倦的时候。"常抓不懈"听上去很有气魄，其实不过是一种主观凌驾于客观之上的美好愿望。

改变游戏规则，用制度打破困局

怎么样才能打破困局呢？改变游戏规则，用制度去解决。为了使博弈均衡自动转向期望状态——管理层低努力、各部门高自律，可以在博弈各方的收益上做文章,譬如授予宗族荣誉、进行经济惩罚等。

先来看单独采用授予宗族荣誉的手段能否奏效,即:

表 8-2　通通快递总公司违规违纪量化考核制度博弈矩阵调整示意表(一)

		看重经济收入的"山头"(如运营部、财务部等)		强调宗族荣誉的"山头"(如信息中心、客服部等)	
		高自律性	低自律性	高自律性	低自律性
管理层	高努力	(0, −3+x)	−3, 0	(0, −2+2x)	−2, 0
	低努力	3, −3+x	0, 3	2, −2+2x	1, 1

注:圆圈内为纳什均衡状态,x 为宗族荣誉带来的收益

看重经济收入的部门,对经济惩罚敏感,假定反应系数为 2,而对宗族荣誉的反应系数为 1;强调宗族荣誉的部门则倒过来,对宗族荣誉敏感,假定反应系数为 2,而对经济惩罚的反应系数为 1。不难算出,要使博弈均衡从(低努力,低自律)转向(低努力,高自律),转化条件为:$x>6$,即宗族荣誉所带来的收益要大于 6。显然,这个条件实现起来非常困难。

单一手段难以奏效,考虑到博弈涉及多方,利益取向各不相同;那就双管齐下,即在宗族荣誉之外,再加入经济惩罚手段,即有:

表 8-3　通通快递总公司违规违纪量化考核制度博弈矩阵调整示意表(二)

		看重经济收入的"山头"(如运营部、财务部等)		强调宗族荣誉的"山头"(如信息中心、客服部等)	
		高自律性	低自律性	高自律性	低自律性
管理层	高努力	(0, −3+x)	−3, 0−2y	(0, −2+2x)	−2, 0−y
	低努力	3, −3+x	0, 3−2y	2, −2+2x	1, 1−y

注:圆圈内为纳什均衡状态,x 为宗族荣誉带来的收益,y 为经济惩罚造成的损失

由此可以算出,$x>0$,$y \geq 3$,即宗族荣誉带来的收益要大于 0,经济奖惩造成的损失要大于等于 3,就能使博弈均衡转向(低努力,高自律)。这个条件实现起来相对容易一些。

据此,可以进一步优化通通快递总公司违规违纪量化考核制度的基本思路:

"各山头的违规违纪事件数量应每月递减,递减速度高于要求的,事件数量与当月考核指标相比每少1%,山头奖金总额增加2%;递减速度低于要求的,事件数量与当月考核指标相比每多1%,山头奖金总额扣减1%,依此类推。"同时还要再加上宗族荣誉激励:"遵纪守法优秀的山头,老板包戏班子到其村里唱大戏,以示荣耀。"

也许有人会问:为什么要"奖二罚一"?因为模型分析结果表明,经济惩罚力度合理取值范围是:$y \geq 3$,即违规违纪事件发生率每高于考核指标1%,奖金总额扣减比例应大于等于3%,而模型中"罚3%"与"奖2%、罚1%"是等效的。之所以采用后一种方案,是因为,对于员工而言,"奖是意外之财,罚是剜肉之痛"。奖罚不对等,奖高于罚,这样的奖惩安排,员工心理上更容易接受一些。

也许还有人问:为什么在经济奖惩之外,年终还要对优秀"山头"予以精神奖励?因为博弈分析表明,要使均衡转向(低努力,高自律),$x>0$,即宗族荣誉带来的收益须大于0。

那么,是不是说,宗族荣誉越多越好,经济惩罚越严越好?也即 x、y 可以无限大?也不是。如何确保制度的控制参量(如经济奖惩力度)不会超出合理范围?如何确保博弈结构不会发生崩盘?要解决这个问题,靠博弈论自身是无能为力的,必须换个视角,把博弈各方视为一个系统整体,用系统论的方法来解决,譬如系统动力学分析。

四、系统论分析

系统论分析,主要是为了弄清楚多个主体的利益追求的相互作用的整体效果。

用系统动力学方法去分析

以往的系统论分析,都是滔滔不绝地讲原理,定性分析多于定量分析。而在此基础上发展起来的系统动力学则不然,它以定性分析为先导,以定量分析为主线，借助计算机模拟和仿真，规范建模，综合推理，层层剖析系统内部微观结构与总体功能、动态行为之间的关系，从中寻觅系统问题的解决之策。因此，系统动力学模型常被视为现实世界的"实验室"，特别适合分析生态、社会等非线性复杂系统的问题。

人类的思维能力其实是有限的，在简单世界中，尚可从直观上分析问题，作直接判断；但面对高阶次、非线性、多回路的复杂系统时，往往茫然无绪、谬误百出。这是因为，复杂系统各个因素缠绕纠结，相互之间的协同作用，会引致一个突出的特性：反直观性。一方面，复杂系统往往具有滞钝性，费了半天劲，仍然"牵着不走，打着倒退"；另一方面，复杂系统在不同时段的行为特征可能全然不同，一松手，突然往前走两步，又突然转两圈，而且毫无征兆。所以在复杂系统中，一眼看到的因果关系，不是真正的因果关系，因果关系不是平面的，而是立体化纵横交错的，仅靠人脑的思维能力，很难解析出来，常常会混淆因果，做出错误决策。譬如，考核奖惩体系就是一个复杂系统，包含社会、经济、技术、文化、心理等诸多因素，这些因素的作用相互缠绕。措施和效果的关系似乎是明摆着的，但当管理者采取某项措施后，想要的效果却并未出现，情况依然如故，所采取的措施或者无效，或者实际上是有害的。

当然，这么说，并不是要为复杂系统涂抹一层神秘的色彩。系统动力学认为：复杂系统不是组成部分的简单加和，但任何系统，归根结底都是由简单部分构成的。人们之所以觉得复杂系统现象反直观，其实是因为缺少一种能够描述复杂系统的普遍框架，而反馈结构恰恰可以成为描述社会系统和其他复杂系统的基本结构。譬如在企业管理中，凡存在环境影响决策，决策影响环境，从而影响未来决策的情况，就有反馈存在，就可以用基于反馈的系统动力学方法去分析。

用系统动力学分析通通快递总公司的问题

从系统动力学的角度看，通通快递总公司违规违纪量化考核体系是一个非线性复杂系统，系统内部各个组成部分之间的相互作用，会形成一定的动态结构，即管理层满意度、经济奖惩力度、宗族荣誉感强度、各"山头"自律度、公司内部秩序等会共同联结起来形成一条闭环反馈链条。这些因素之间存在着严密的逻辑关系，即：

（1）公司内部秩序恶化，将会导致公司管理层满意度降低。

（2）管理层满意度降低，就会加大经济、精神等奖惩力度。

（3）加大各种奖惩力度，就会强化各"山头"的自律程度。

（4）各"山头"自律度加强，将会带来公司内部秩序好转。

（5）公司内部秩序好转，则又会提升公司管理层的满意度。

由此形成一个自反馈循环体系，并在内外动力的作用下按照一定规律发展和演化。这一自反馈系统的循环作用机理，如图8-3所示：

图8-3 通通快递总公司违规违纪量化考核体系的反馈作用机制

在此基础上，加入外部环境影响因素后，便初步构造出通通快递总公司违规违纪量化考核的系统动力学模型（这里为了便于读者理解，对原模型作了较大简化）：

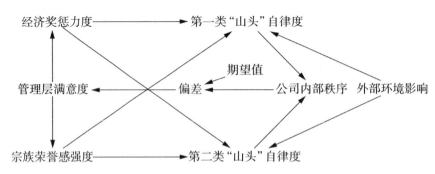

图8-4 通通快递总公司违规违纪量化考核体系的系统流程图

经过系统动力学仿真软件 Vensim 运行后，得到模拟结果如下：

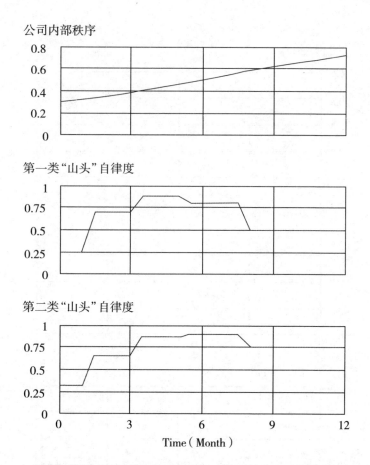

图 8-5　通通快递总公司违规违纪量化考核系统动力学模型运行结果

模拟结果表明：各"山头"的自律程度越高，公司内部秩序越好，不过由于多重因素和多路反馈的动态作用，二者之间不是线性关系。事实上，当公司内部秩序接近管理层期望值时，奖惩力度便会减弱，各"山头"自律度也开始下降，只是由于延迟效应的存在，公司内部秩序还会暂时性地继续向好的方面发展。

奖惩力度是否越高越好？

现在，要解决博弈论分析无法解决的问题——奖惩力度是否越高越好？为此，在模型中，改变控制参量，将宗族荣誉覆盖面扩大一倍，将经济惩罚力度提高一倍，使 $y \geqslant 6$，重新模拟运行后，结果如下：

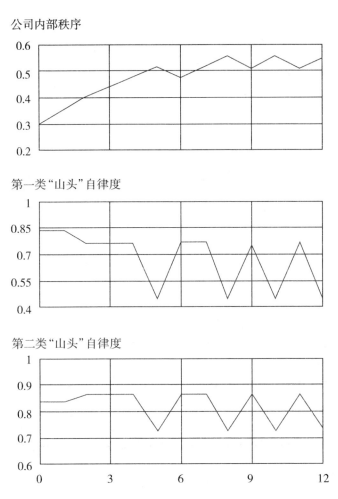

图 8-6 提高奖惩力度后的通通快递总公司违规
违纪量化考核系统动力学模型运行结果

结果出人意料：在通通快递总公司违规违纪量化考核体系中，盲目加大奖惩力度，虽然在初期会大幅提高各"山头"自律度，进而改善公司内部秩序；但随着时间推移，整个体系将陷入震荡，效果适得其反，"宗族荣誉"变得不值钱，"经济惩罚"也起不到应有的阻遏作用，公司内部秩序在达到一定点后反而会变得更糟。

由此可见，考核奖惩不是简单的"1＋1=2"的关系，并不是奖惩力度越高，越有可能达成管理目标。企业作为一个多因素作用的复杂系统，常常呈现各种难以捉摸的反直观性。盲目地加大奖惩力度，三五个月之内，或许会使公司秩序好转；但在长期的一两年内观察，却有可能变得更差。而人们的直观观察，往往只见其一，不见其二，很少能够同时注意到并存的两种趋势。

那么，通通快递总公司违规违纪量化考核制度中，到底可不可以采用经济奖惩力度作为控制参量？采用的话，怎样合理设置参量数据呢？在前面的利益势和博弈论分析中，经济奖惩力度和宗族荣誉强度这两个控制参量，是通过统计和经验获得的，并不是完全可靠。有没有一种方法能够确保我们找出并找齐制度的控制参量呢？有，还是系统动力学分析。复杂系统对大多数系统变量的变化不敏感，但对个别变量和节点的变化却十分敏感；因而在制度设计中，这些变量就是制度的控制参量，这些节点就是"利益结"结点。制度设计师要根据具体企业的系统特性和系统动力学的分析结果，小心翼翼地找出系统敏感参量，尤其是那些对制度目标实现至关重要的关键参量。然后选择出响应速度快、影响范围大、抗干扰能力强的参量，作为制度控制参量并予以合理设置。

至于制度控制参量的取值范围，还要结合现实情况来确定。譬如对违纪员工的经济惩罚，不应为负数，也不应超过其全部工资收入，这便是经济惩罚的上下边界。还有一点要注意，制度设计不能过分追求最优，因为最优极值往往就在边界上，一旦系统波动越过边界，整个系统行为模式就有可能发生意想不到的变化，反而离目标更远。如果相信那些"不着调"的经济学家可着劲儿鼓吹的"最优"，反而有可能将企业系统置于不稳定的状态、不可控的境地。

在制度设计中，个体特征分析、相互关系分析和系统整体分析，都是不可或缺的，既不能用系统动力学分析来代替利益势分析，也不能用博弈论分析来代替系统动力学分析。它们之间是相互配合、分工协作的，共同为制度设计打造坚实的科学基础。

Chapter 9

第九章

管理制度设计跟我学之三

管理制度好不好,如人饮水,冷暖自知。

本章概览

在本章中,笔者介绍了管理制度设计的最后三个阶段:系统化设计、不可行性检验、参与式实施。第三个阶段,即系统化设计,构建出了制度的核心规则及其配套体系;第四个阶段,即不可行性检验,检验制度设计结果的科学性与有效性;第五个阶段,即参与式实施,将制度设计结果予以呈现并应用于管理实践。这三个阶段中的每一个,都包括若干道工序,它们和前两个阶段一起构成了整个管理制度设计流程。经过整个流程,笔者完成了"通通快递总公司违规违纪量化考核制度"的设计。新制度投入运行后,违规违纪事件迅速减少,成功地解决了通通快递内部的"大麻烦"。

"人法地，地法天，天法道，道法自然。"[1]

——老子

调研和分析工作完成后，接下来，就正式进入制度设计阶段了。制度设计不是公文写作，不是一上来就起草"第一条、第二条、第三条第一款"，编写出整页的"制度大纲"和成套的"制度文本"，而是首先需要构设出最核心的那一条或那几条规定——"元规则"。

所谓"元规则"，是指在制度的全部规定当中，可以衍生出其他规定并以统领其他规定的那一条或那几条核心规定。"元规则"是让一套制度的全部规定、演绎过程建于其上的"始基"，也是一套制度的"内核"所在，其他的规定都是从"元规则"扩展而来的。是以在制定制度的顺序上，一般来说，先有"元规则"，后有整套的制度。整套制度规定再多，究其根源，也只是一条或几条"元规则"而已。

万丈高楼平地起，制度设计首先需要构设的，乃是"元规则"。

一、"元规则"及其结构化、模块化展开

制度围绕"元规则"展开

20世纪90年代的中国，假冒伪劣商品横行一时，极大地损害了消费者权益。在此情形下，1994年1月1日，《中华人民共和国消费者权益保护法》正式施行，其中第49条规定："经营者提供商品或者服务有欺诈行为的，应当按照消费者的要求增加赔偿其受到的损失，增加赔偿的金额为消费者购买商品的价款或者接受服务的费用的一倍。"[2] 这项规定即是后来老百姓俗称的"假一

---

[1] 王弼集校释. 老子道德经 [C]. 上海：上海书店，1986：14.
[2] 中华人民共和国消费者权益保护法案例解读本 [M]. 北京：法律出版社，2009：58.

赔二"。

一个叫王海的年轻人从中发现了"商机","知假买假"然后双倍索赔,这种"赚钱"的方式复制到全国后,有效地阻遏了假货蔓延。尽管某些专家颇有微词,认为它鼓励了"刁民",支持了"不当得利",败坏了社会风气,但历史经验反复告诫我们:用空洞的法理和苍白的道德去指责利益驱动下的现实社会,被羞辱的只会是前者。

说老实话,在神圣而僵化的法理教条约束下,中国的法律,妇孺皆知、耳熟能详的不多,但《消费者权益保护法》却是个例外。因为它将鲜活的利益博弈机制引入法律规范中——如果卖家敢"假一",买家就有权要求"赔二"。这样一来,原本冷眼旁观少数人垄断法律执行的普通老百姓,为了维护自身权益,便积极地投身于"打假"。

从制度设计学的角度看,"假一赔二"的规定即是统领《消费者权益保护法》的"元规则",是整部法律的"主旨"所在,其他条款都应当围绕着这项规定展开,为它服务。譬如"假"怎样认定?"赔"如何进行?如果不"赔",又由谁来主持公道?可见,"元规则"一旦被确定下来,其他的规定大都能顺理成章地演绎出来。

一部法律如此,一国法律也是如此。公元前206年,刘邦入关中,"与父老约,法三章耳:杀人者死,伤人及盗抵罪"[1]。这三条规定虽然简单,却是大汉王朝立法的开端,即汉律的"元规则",汉律中许多律令科比都是对这三条规定的延伸、细化、补充和完善。譬如,汉律将"杀人者死"扩展到各种情形,便衍生出对无故杀人的"贼杀"、合谋杀人的"谋杀"、斗殴致死的"斗杀"、玩笑致死的"戏杀"以及过失致死的"过失杀"等不同情况进行区别对待的细化规定[2]。

作为制度中的众多规定所拱卫的"中枢","元规则"可能只是短短的一句话,但这一句话,却是制度理念原则的集中体现,是各方利益诉求的集中反映,也是各方博弈关系的集中呈现。一个好的"元规则",能快速表明当事

---

[1] 司马迁. 史记:卷八·高祖本记[Z]. 裴骃集解. 北京:中华书局,1982:362.
[2] 朱红林. 张家山汉简《贼律》集释[J]. 古籍整理研究学刊,2005,(2):30~41.

人的利益诉求，简捷阐明游戏的博弈规则，同时还能清晰说明制度的控制参量。譬如"杀人者死"，立法者的利益诉求是维护社会统治，博弈规则是"杀人偿命"，控制参量是生命权；又如《消费者权益保护法》第49条的规定，消费者的利益诉求是维护自身合法权益，博弈规则是"假一赔二"，控制参量是增加赔偿的金额。

因此，设计制度时首先需要精心设定"元规则"这一坐标原点，而不是画什么宏伟的设计蓝图，搞什么宏大的整体规划。否则即便搞出来了，也不过是一个徒有其表的"样子货"，没有任何意义。

解决通通快递总公司的问题从设定"元规则"开始

通通快递总公司违规违纪量化考核制度设计便遵从了这一思路，没有事先规划什么七章八节、九条十款，而是首先着眼于"元规则"的设定，并最终将其确定为"自报家门、按月递减、奖二罚一"，即：

"各山头自行上报现阶段的违规违纪事件数量，按人均计，低于公司平均水平的，每月递减10%作为新的考核指标；等于平均水平的，每月递减20%；高于平均水平一倍以内的，每月递减30%；高于平均水平一倍以上两倍以内的，每月递减40%；依此类推。"

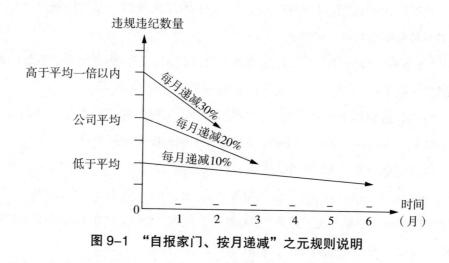

图9-1 "自报家门、按月递减"之元规则说明

譬如，运营部有10名员工，现阶段每月发生的违规违纪事件约100件，

人均 10 件，和公司平均水平差不多；则每月需要递减 20%，即下个月必须控制在 80 件，再下个月必须控制在 64 件，依此类推。到了下个月，如果高于 80 件，罚；低于 80 件，奖。奖罚规定如下：

"各山头发生的违规违纪事件数量，每低于当月考核指标 1%，奖金总额增加 2%；每高于 1%，奖金总额扣减 1%，依此类推。"

假定运营部下个月实际发生 100 件，比 80 件的控制指标高 25%，则总奖金扣减 25%；发生 60 件，比指标低 25%，则总奖金增加 50%。

也许有人会问：如果有些"山头"要心眼，留余地，将现阶段的违规违纪事件数量往多了报，怎么办？没关系，报得越高，递减速度要求越快，压力越大，越到后面越难受。假设运营部报 100 件，人均 10 件，等于平均水平，每月要求递减 20%，到第七个月整个部门只能发生 21 件；如果报 200 件，人均 20 件，超出平均水平一倍，则每月要求递减 30%，到第七个月整个部门只能发生 16 件；自己看着办吧。

也许还有人问：各山头当月实际发生了多少违规违纪事件，如何统计？答案是：不统计，还是由各山头自行上报。那各山头还不弄虚作假，往少了报，然后拿奖金？不会！这其中的奥妙就在于：各山头瞒报谎报，考核机构确实很难查证，但反过来，各山头也不知道考核机构知道了多少，你对我不透明，我对你也不透明。按照这一思路，为了给"元规则"保驾护航，增加一条"不对称信息对抗"的规定：

"各山头自行统计上报当月违规违纪事件，未上报而为考核机构掌握的即为瞒报，瞒报率每增加 1%，奖金总额扣减 5%，依此类推。"

譬如，运营部下个月的控制指标是 80 件，实际发生了数百件，他们会上报多少呢？肯定只少不多，以求多拿奖金，但他们能蒙混过关吗？

假设运营部只上报 40 件，考核机构只掌握 20 件，一对照，中间有 10 件不重合，则瞒报率 =（你没上报但被我掌握的件数 / 总件数）=10/50=20%，奖金扣罚 100%，全部扣光；如果上报 60 件，则瞒报率 =10/70=14%，奖金扣罚 70%。显然，要想降低瞒报率，只有如实上报。

瞒报面临的是"五倍处罚"，与前面的"奖二罚一"规则相比较，各个山头马上就能自己计算出利害得失，冒险说假话，实在不值当。

运用"不对称信息对抗"策略，考核机构只要掌握少量信息，就可能撬出大部分真相。正如警察审犯人，犯罪嫌疑人做了 20 件案子，警察只掌握了 2 件。警察确实不知道犯罪嫌疑人究竟做了多少案子，但犯罪嫌疑人也不知道警察知道了多少案子，所以警察不会告诉犯罪嫌疑人我掌握了多少件，而是告诉他全都掌握了，就看他老实不老实，"坦白从宽，抗拒从严"。犯罪嫌疑人一听，那就招吧，先说第一件。警察一看，不在已经掌握的 2 件案子里面，于是记录下来，然后告诉犯罪嫌疑人："还有，继续。"只要警察还有 1 件掌握的案子没说，警察就知道犯罪嫌疑人还有案子没招，会勒令他继续交代，这样就可能用已知的 2 件案子撬出所有案子。

以"元规则"为轴心进行结构化、模块化展开

设定好"元规则"，只是给"制度大厦"打好了地基，接下来，就要搭制度框架了。怎么搭？可以借鉴软件开发中的结构化、模块化设计思路，先划分出若干个功能模块，分而治之，分头细化，然后再像"搭积木"一样，重新组合起来，就形成了逻辑清晰的完整体系。采用这种方式，制度框架是自然而然形成的，不搭框架，也有框架。具体做法是：以"元规则"为轴心，逐一扩展出细化模块、运行模块和预案模块，各模块紧密团结在"元规则"周围，"不跑调，不走样"。

细化模块，是指"元规则"按照某种角度展开后，在不同层面的细化表述。如从层级出发，针对高层、中层、基层等进行细化；或从部门出发，针对部门、车间、科室等进行细化；或从关系出发，针对权利、义务、责任等进行细化；或从流程出发，针对各环节进行细化。至于从哪个角度展开，要根据具体情况，按照易于理解和便于执行的原则来确定，只是展开后的各细化部分之间要做到不交叉、不遗漏。

运行模块，是指为使"元规则"在现实中运转起来，成为"活的游戏规则"，还需沿着"元规则"的实际运行路径，对相关事项做出必要的规定，提供必要的指引。包括对参与主体（适用范围）的界定，对参与主体关系的界定（权利和义务），对决策、执行、监督、裁决、申诉、救济等环节的设定（程序），以及对人、财、物、信息等流转方面的设定。这些规定为"元规则"的正常运转提供运行环境和配套安排，缺少这些安排，"元规则"也不可能"动"起来、"活"起来。

预案模块，是为了提高"元规则"的适用性和稳定性而事先设置的处置方案，即设想各种可能的外部环境变化、内部生态变迁、例外情况或者突发事件，分析在这些情况下，参与各方的利益诉求、博弈策略和整体运行结果会不会发生大的异动？会发生什么样的异动？如果会发生异动，需不需要事先在制度中做出安排？譬如在薪酬制度中，就要考虑：最低工资标准调整怎么办？公司的组织架构调整怎么办？一些部门完不成指标找借口怎么办？都会找哪些借口？等等。然后，再将各种可能的异动及其应对预案分类归整，类似的情况类似处理，不同的情况不同对待，最后汇聚成为制度中的预案模块。

此外，如有必要，以上模块还可进一步划分出子模块、子程序。模块和子模块都要进行"封装"处理，使它们具有相对独立的功能，一个模块的修改和变化，不会影响到其他模块。

最后，还要给制度"戴帽穿鞋"，即加上阐明制度目标、理念和原则的"总则"，阐明制度用语、解释和时效的"附则"，以及对各个模块所采用的公共数据、表单格式予以规范和说明的"例则"等。

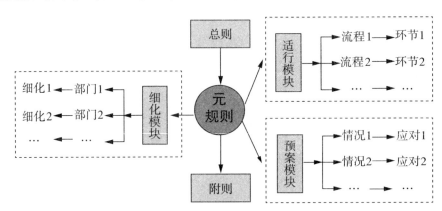

图 9-2　结构化、模块化的制度框架示意图

当这一切工作完成以后，一个中心突出、结构清晰、层次分明的制度框架也就建立起来了。

二、系统控制、信息通路与组织设施配套

在多数人看来，制度框架完工后，主体工作也就完成了，剩下的不过是一些装饰装潢之类的"小活儿"。其实不然，接下来的工程量更大。正如一栋"智能大厦"，比建筑结构更重要的，是"智能监控""数据通信""信息处理""自动报警"等设施设备。制度也是如此，如果不植入必要的"传感器""信息链"和"控制器"，就如同缺少"感官""神经"和"大脑"，制度的"自动运行"也就无从谈起了。

因此，在制度内建立一套智能控制系统，是制度"精巧、灵动、自运行"的关键。无论多么周详的制度，也不可能做到天衣无缝、毫无破绽，但只要有了智能控制机制，制度就是自适应的，即便存在一些缺陷和漏洞，也会在实际运行中自动应变和调整，从而在出现偏差时纠正偏差，出现问题时解决问题。正如导弹之所以能够精确命中千里之外的目标，并不是飞行过程中的每一个步骤、每一个环节，事先都被安排得恰到好处、完美无缺，而是依靠信息反馈与系统控制时时纠正飞行中出现的偏差。

"开环控制"与"闭环控制"

通通快递总公司违规违纪量化考核制度也要设计反馈控制机制，因为"不对称信息对抗"机制虽然有助于消解各"山头"可能出现的瞒报问题，但仍然需要考核机构事先掌握一部分违规违纪事件信息。因此，有必要为制度内建一套信息采集与反馈控制机制，以提高制度自身的应对能力。那么，怎样才能让制度具有"智能控制机制"呢？

先来看一个简单的制度控制框架，以了解传统的制度控制方式。

图 9-3 简单的制度控制方框图

由图可知，制度控制说到底，还是一种状态控制，通过对人施加作用和影响，以达至预定目标。当然，与机械、电子控制相比，还是有诸多不同：一是制度控制的操作对象是人，而被操作的人，仍然是其自身行为的控制主体，因而在设计控制机制时，必须高度重视人的主动性和灵活性；二是制度控制的方式多种多样，从人、财、物控制到信息控制，从目标控制到过程控制，因而在设计控制机制时，可以多角度入手，多手段并举，以达到控制效果；三是制度控制有其特殊原则，譬如不相容职务分离原则，两个相邻控制环节合在一处，就会导致舞弊行为完整发生，这两个环节就要由两个人来分担，所以会计要与出纳相分离，系统管理员要与操作员相分离。

图 9-3 中的制度控制框架，采用的是开环控制方式，结构简单，成本低，但只适用于控制精度要求不高的场合。譬如，企业通知所有员工休假 1 天，至于休没休，休得怎么样，那就管不着，也管不了。

与之对照的是闭环控制，即增加一个反馈环节，将制度运行结果回馈给控制机构，然后与制度规定进行比较，针对偏差采取相应措施，以确保制度运行达到预期效果。譬如，企业通知所有的员工改为早上 8 点钟上班，并安排一个专门机构记录各人的上班时间，然后将结果反馈给领导，对迟到者予以训诫甚至惩罚，从而保证所有员工都能在早上 8 点准时到岗。这种控制方式就属于闭环控制，也叫作反馈控制。

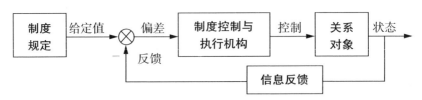

图 9-4 加入信息反馈回路的制度控制方框图

"单一信息反馈"与"多路信息反馈"

只有一条反馈回路的制度控制框架，虽然简便易行，实践中也被广泛运用，但可靠性不高，任何一个环节出故障，制度控制就会失灵，制度运行就会失效。譬如说，执行机构不作为或乱作为怎么办？信息反馈不畅怎么办？反馈回来的信息不完整、不准确、不真实怎么办？

如果再为制度增设一个监管机构，将控制与执行相分离，并引入第三方监督，情况是否会得到改善呢？

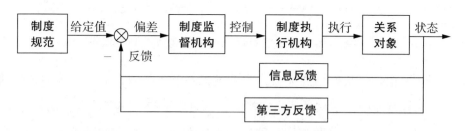

图9-5 加入监管和第三方监督的制度控制方框图

如图9-5所示，增设监管机构，执行部门被置于监督之下，不作为或乱作为的可能性减小，但总体效率将会降低，可靠性变得更差，而且一个新的问题又出现：谁来监管监管者？所以，某些专家动辄祭出的"法宝"——"设立监管机构，加大监管力度"，并不是解决问题的根本办法。是否为制度设立监管机构，要权衡利弊，视具体情况而定。

至于"第三方监督"，其实是"第三方反馈"，是为制度控制提供一条新的信息反馈通道。譬如360度考核，就把客户评价纳入进来。不过"第三方信息反馈"渠道并不可靠，而且若有若无、时断时续。

单一信息反馈方式不可靠，则可以考虑设置多条信息反馈通路，建立多点信息采集、多路信息反馈的"情报体系"。你这儿不报告，他那儿报告；主渠道不反馈，旁通路反馈；世界上没有不透风的墙，只要信息获取渠道足够充分，就能打破"信息屏障"。而且制度控制的信息收集方式，不光可以被动接收，还可以主动采集。前者是坐等被执行者来汇报，如请示报告、情况汇编、统计数据等；后者是执行者主动出击去发现，如听到、看到、感受到的形象信息。主动出击，采集信息，正是制度控制中人的主观能动性的具体体现。

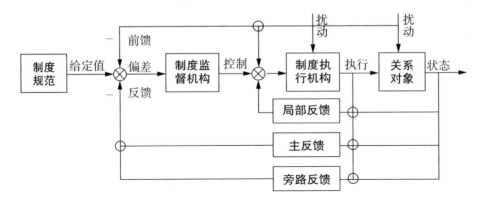

图 9-6　加入多路信息反馈通道的制度控制方框图

当然，信息采集网络愈完善，花费就愈不菲。是以在通通总公司违规违纪量化考核制度中，也只是适当安排了包括月度上报、网络监测、视频监控、员工举报、定期巡查等在内的几种信息采集方式。然后在此基础上，再通过"不对称信息对抗"，巧妙地运用"信息不透明"来对抗"信息不透明"，以阻遏瞒报、漏报的发生。

制度的自动控制

不过，通通快递总公司违规违纪量化考核制度中的这个多路反馈控制系统，仍然是靠人为努力去维持的，如果人"失效"，控制就会"失灵"。有没有办法提高它的自动化程度，甚至变成自动控制的？

所谓制度的自动控制，不是指无人参与，而是指不需要更上级的主管领导和监管部门直接干预。要想实现制度控制自动化，一方面，应尽量将制度中的人工操控环节，改造成机器操控或人/机集成操控，如用指纹考勤取代人工考勤，用计算机信息管理代替人工信息管理；另一方面，也是更重要的，是遵循"三自"原则——自激励、自约束、自协同，将无法替代的人工操控环节改造成"可自动执行"的，让公司成员在所处岗位上，出于自身利益，"自动"地履行起职责。譬如在通通总公司违规违纪量化考核制度中，各部门的考核由人事部负责，瞒报、漏报发现越多，奖励越多；而人事部的考核，又是由总经理和各部门经理组成的经理会负责，从而形成闭合循环的自我控制。

综上所述，制度控制包含四大组成部分：组织、设施、信息链与控制机制。控制机制是核心；组织是为控制机制配套的，"无组织"则"无纪律"；设施是控制机制的技术保障，"无设施"即"无手段"；信息链是把诸环节联结起来的信息通路，也要围绕控制机制来设置，尽管看不见、摸不着，但在制度设计中却须格外小心。

某大学的培训学院，遇到外地老师来校授课时，原来的规定，是由教学秘书通知司机接机，司机接机后通知行政秘书安排食宿，行政秘书安排后通知教务秘书布置教室，环环相扣，哪个环节出现问题，就追究哪个环节的责任。可问题是，这条信息链（教学秘书→司机→行政秘书→教务秘书）只是一条单向信道，可靠性非常差。万一哪个环节没有及时往下传，整条信息链全断了，就会酿成教学事故，事后追责已然于事无补。对此，我们给出的制度改进建议是：不可能要求这四位同志百分之百不出纰漏，与其事后追责，不如事前防范，通过建立多路信息通道和增加反馈回路来提高信息链传输的可靠性。将相关规定修改为："教学秘书在通知司机接机时，还应当同时通知行政秘书、教务秘书做好准备；各环节履行完职责后，既要通知后续环节跟进，也要及时反馈给教学秘书，由其与授课老师联络确认。"

三、仿真检验、实验检验与成本收益核算

科学，不是靠耍嘴皮子耍出来的，也不是靠自圆其说圆出来的，而是检验出来的，"可重复、可检验"是科学的基石[1]。不经过审慎的检验，任何制度设计方案，即使"看上去很美"，也保证不了科学性。

制度设计方案的检验，采用的不是传统的"可行性分析"思路，而是更加严谨苛刻的"不可行性分析"，即想方设法去否定设计方案，否定不了，

---

[1] 钟庆. 刷盘子，还是读书：反思中日强国之路[M]. 北京：当代中国出版社，2005：37.

才是可行的。这样做，原因很简单，花时间找 999 个理由证明方案是正确的、项目是可行的，没有多大意义，只要第 1000 个理由证明方案行不通，它就有问题。当然，"不可行性"不是简单地否定，如果"不可行性因素"未来能够通过时间的推移、自身的努力或借助其他的力量消除掉，它就是项目的短板、成功的关键；反之，如果经过各种努力也消解不掉，方案就要推翻，设计就要重新来过。

通通快递总公司违规违纪量化考核制度的三大设计结果，包括"元规则"、主体框架和控制系统完工后，同样也要接受严格的检验。未经检验，是不允许在企业中落地实施的。那种在制度运行之后再去发现设计缺陷的做法，其实是拿企业当"小白鼠"，是不负责任的。因此，制度设计的科学检验，在制度投入企业运行前就要着手进行，包括三大检验：系统仿真检验、管理实验检验和成本—收益核算检验。

首先来看**系统仿真检验**。所谓仿真，是用一个模型去模拟真实系统，以研究真实系统的实际变化规律，比如用沙盘、风洞等去模拟真实的情况。现代仿真大多通过计算机，在"模拟世界"中获得对系统性能和变化规律的某种超前认识，从而帮助我们了解系统、设计系统、优化系统。

系统仿真的关键，是要使模型与实际系统很"像"，研究模型也就相当于在研究实际系统。具体操作中，需要经历一个"建模—实验—分析—再建模"的循环往复过程，直至模型臻于完善，才可用它来代替实际系统，然后再运行仿真程序，对仿真结果进行判读和分析。

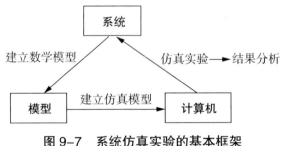

图 9-7　系统仿真实验的基本框架

制度设计的系统仿真，就是模仿制度投入运行后的企业状态，看在各种条件和参数下，都会发生怎样的变化，从而提前掌握制度实施后达到的效果。换言之，通过系统仿真，可以直接观察到现实世界各种不确定因素对制度实施结果的影响，可以通过直接改变制度控制参量，实时观察制度实施结果的变化，甚至还能直接发现原有设计中隐藏的一些问题，以便及时解决。因此，制度仿真检验的过程同时也是全面改进和优化设计方案的过程。事实上，前面的制度分析和设计阶段，大多是在纸面上写写算算，难免留下许多的疏漏和缺陷，到了系统仿真阶段，就要借助更加全面的仿真实验予以修正和完善。

另外，系统仿真还特别适合用来模拟制度演化，分析制度变迁，也就是分析新的制度投入运行以后，随着时间推移，它在发挥作用的同时，自身将会发生怎样的变化？生命周期有多长？会在什么情况下被取代或被废止？这些问题，只能到制度背后的各个相关方利益势（利益追求动量）"此消彼长"的模拟变化中才能找到参考答案。

用系统仿真来模拟制度变迁，需要建立起参与各方利益追求动量的生态演化模型。在通通快递总公司违规违纪量化考核制度检验中，采用的是遗传算法，通过继承、杂交、变异等算子，来模拟企业内部三大"种群"（管理层、看重经济收入的"山头"和强调宗族荣誉的"山头"）及其利益追求动量，看它们在新制度框架内长时间演进后，都会发生怎样的变异，以及由此带来的管理秩序变化。

仿真结果表明：未来一段时间内，三大种群的利益追求动力及其可运用资源数量格局不会有太大变化，因而基于利益追求动量最大化设计出来的可自动执行的量化考核制度，无须做大的调整和修改。

但另一项结果表明：随着时间推移，按照制度安排，当公司内部管理秩序接近管理层的期望值时，激励力度将会大幅下降，无法满足各"山头"的利益预期。制度在运行一段时间（8~12个月）后必须废止，代之以新的违规违纪行为惩戒规定。只是这套后续规定，与"小锅饭"考核制度不同，针对的是单个员工，不再株连"山头"其他人。

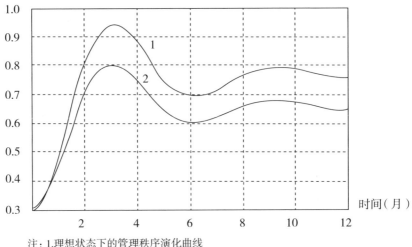

注：1. 理想状态下的管理秩序演化曲线
2. 受外界干扰的管理秩序演化曲线

图 9-8　新制度下通通快递总公司内部管理秩序的演化曲线

其次来看**管理实验检验**。现代管理科学的发端，是从泰罗实验、霍桑实验等一系列实验研究开始的，实验奠定了管理学的科学基础。但其后，科学研究的"死敌"——主观臆想又沉渣泛起，卷土重来，一些自以为是的管理学者，开始用"聪明的脑袋"代替真实的实验，以直觉、猜想、推测作为依据，"主观臆想→语出惊人→自圆其说"，轻轻松松就"发明"出一堆"管理理论""经营法则""成功秘籍"。没有实验检验这把锋利的钢刀在头顶上悬着，许多人没了顾忌，信口开河，想咋说就咋说，甚至还比试看谁说的吸引人，看谁说的打动人。

时光荏苒，人们逐渐对管理学的这套"理论创新"模式厌倦了。浮华散尽是本真，"科学管理之父"弗雷德里克·泰罗所开创和倡导的管理学实验研究，在被冷落多年之后，重新回到了人们的视野中。

"实验是科学之母"，将实验方法应用于管理学研究，就产生了一门新的学科——管理实验学。管理实验学认为：实践是检验真理的唯一标准，实验是实践检验过程的精炼和预演。如果一种管理模式、理论或方法，无法解释在实验室条件下发生的简单现象或特殊现象，又凭什么相信它能解释在社会实践中发生的复杂现象？所以，任何新的管理模式或设计方案付诸实施以前，原则上都应当接受实验检验。

管理实验是检验管理科学性与可行性的一种有效手段。设计出来的新管理制度，如果直接导入到企业中，会有很大的不确定性和潜在危险性，而借助管理实验，则可在"坏"的后果发生以前，发现隐患，防患于未然，所以也要安排相关实验，接受必要的测试。具体来说，就是创设一个可控的实验环境，借助场景模拟、过程再现、角色扮演、实况录像、局部试点等手段，通过场景实验或人群实验，来研究制度设计方案的科学有效性与实践可行性，"从实践中来，到实践中去"。

有读者会问：不是做过系统仿真检验了吗，为什么还要再做管理实验检验？这是因为，系统仿真是在计算机上对模型做实验，与真实世界毕竟"隔着一层窗户纸"；而且系统仿真主要研究的是系统整体，场景实验、人群实验等更关注局部细节，二者并行不悖，相得益彰。

事实上，中国的改革开放与制度变迁，就是一个不断"试错"的实验过程，先设立特区、实验区、示范区等进行局部试点、局部实验，成败都不伤大局，然后改正"错误"，扩大规模，最后推广到全国。

"新出炉"的通通快递总公司违规违纪量化考核制度，由于很难分解成片段，在实验室中进行现场模拟；因而采用的实验方案是周期较长、成本较高的局部试点方式，即选择两个不同类型的"山头"，按照新规则进行考核，以便在制度试运行期间发现问题，解决问题。实验结果表明：经过严密分析、精密设计的量化考核制度，成效非常明显，违规违纪行为持续稳定减少，而且制度本身也没有显露出什么大的缺陷或纰漏。换言之，新设计出来的制度通过了管理实验检验。

最后来看成本—收益核算检验。制度设计的结果，通常还要进行一项额外的检验，即成本—收益核算。

任何制度都是有成本的，只要运行一天，就会有成本和费用发生，制度设计之初，就要算经济账。如果不对制度成本进行周密的测算，本想用来降低管理成本的制度，反而每天都会无声无息地侵蚀着企业的收益。因此，制度的经济性，即使不是评价制度好坏的唯一标准，至少也是必须考虑的关键因素。一名好的制度设计师，首先必须是一名好的财务师，能够熟练地从三个方面去评估制度的经济性。

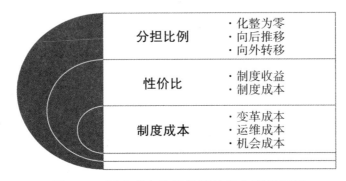

图 9-9　制度成本收益核算的三大衡量指标

其一是制度成本本身。改革有成本，不改革也有成本，无论破旧立新时的制度变革成本，还是墨守成规时的制度运维费用，都是不容轻视的。制度的变革成本相对容易理解，制度的运维费用则往往容易被忽视，结果造成一些制度"置得起、用不起"。日常的宣贯、执行、监督、维护、修订，以及相配套的组织、人员、设施等方面的开支，看似不起眼，但经年累月下来，数目也是惊人。

所以，制度设计，不能光想着能解决什么问题，还要考虑实施和运行制度的成本到底有多高，尤其是要估算制度的全生命周期成本。把生命周期内的各种花费都算进去，算完之后，就能知道设计出来的制度"便宜不便宜"。当然，由于制度成本并非都能用钱去衡量，因而这种估算，需要从时间、精力、风险及机会成本等多方面予以考察。

制度"贵"还是"便宜"，是相对而言的。大企业觉得便宜的，小企业会认为很贵，故而许多在大企业实行的规章制度，井然规范，恢宏大气，却不能随随便便用到小企业去。制度设计师的职责，就是在保证制度目标的前提下，设计出尽可能"实惠"的管理制度。

其二是制度的"性价比"。制度成本的高低固然重要，但更值得关注的，是付出这一成本后所能获得的收益、所能节省的费用或所能避免的损失。如果新制度付诸实施后，新增的效益大于制度成本本身，经济上就是合算的。如果有多个制度设计方案可选时，通过比较采用不同制度所提升的效益与所花费的成本，也能知道哪一个"性价比"更高。

制度提升效益，途径之一是强化激励机制，调动员工的积极性和创造性；途径之二是减少管理成本，组织内部的协调、沟通、监管等需要消耗大量的时间、精力和经济成本，一套设计良好的管理制度，可以将人们的行为变得有秩序、可预期，从而节省组织的管理成本。

其三是制度成本的分担比例。制度成本的一个特别之处，并不是"谁出台，谁承担"，而是在制度所涉及的相关方（如制度的制定者、监督者、执行者、被执行者等）之间分摊的。即便是制度管束的对象——"被统治阶级"，也往往被要求抽出时间"学法、知法、懂法"。

不过在制度设计时，制度成本能够分摊的还是要尽量安排分摊。如果成本分摊得当，每一方都承受得起，制度推行起来就会比较顺利；如果分摊不当，某一方承担过多时，制度推行就会遇到较大的阻力。对于那些成本较高、阻力较大的制度改革，实在不好分摊，可以考虑制度成本转移，或是化整为零，通过分步实施，使每个阶段看上去很"便宜"；或是向后推移，等到各方都从制度变革中获得了显著好处，再来说承担成本的事儿；或是向外转移，将一部分成本转移到社会上，如服务企业设置留言簿，发票上设置兑奖联，就可以假"他人之手"来达到制度监督的目的，从而节省自己的制度成本。所以，制度成本分担也要精心设计、精巧安排，必要时进行"乾坤大挪移"。

更高明的做法，是用制度成本分担比例来调整制度博弈中的各方实力对比。不同的分担方式，对各方博弈能力的影响是不同的，巧妙设置分摊比例，可以使各方力量"此消彼长"或"此长彼消"，达到制度设计的目的。譬如"举证责任倒置"，不是让弱势一方证明自己遭到了侵害，而是让强势一方举出反证，证明自己并没有违规或没有造成损害。这种抑强扶弱的做法，就是为制度创设出新的利益制衡。

四、文字编排、试运行与调试、交付运维

制度的文字编写应力求简洁

到这里，通通快递总公司违规违纪量化考核制度的设计任务，就进入"扫尾"阶段了。接下来的工作，只是把"无形的规则"转换成"有形的文字"，把已经成型的制度框架和模块内容用文字表述出来，水到渠成，瓜熟蒂落，没有什么太大的难度。

这种情形，和传统的"立法"模式大不一样。以往在订立制度时，草案拟订和文字编写几乎就是全部的工作。制度的制定，更像是一种舞文弄墨、笔扫千军的"公文写作"；制度制定的好坏，主要取决于"写作水平"的高低。但在科学化、工程化的制度设计模式中，制度设计结果的文字表述就没那么重要了，只需遵循两条最基本的原则：

第一条：把意思说清楚了、说齐全了。

第二条：用更少的话把意思说清楚了、说齐全了；如果做不到，请参照第一条。

当然，这么说，并不是轻视制度的文字编写工作，如果能够掌握一些写作技巧，无疑还是会起到"锦上添花"的作用。同其他的语言文字相比，制度的用语更为严谨规范、简洁明确，不需要多做解释，就能让不同文化程度、不同职业经历的人们把握其要旨，准确地理解，正确地执行。因此，制度的文字编写，越简单、越平实越好。

制度文本拟好以后，接下来就要进行审议了，即邀请未来的制度监督者、执行者、被执行者以及其他方面的专业人士，从各自不同的角度发表意见，目的是为了找出制度文本中的疏漏、模糊、歧义之处。当然，如果是对制度规定提出修改意见，也要虚心听取和认真记录，只是采纳与否，需要制度设计师会同决策者进行审慎的研究和判断，不能一遇到不同意见就摇摆，多数人的意见未必是科学的。如果拿捏不准，则要重新回到模型中进行分析，重新回到实验中进行检验。

至于制度表决，要视情况而定，有些问题可以通过民主表决来抉择，有

些则不行。因为决定制度能否真正运行并取得实施效果的，不是赞成或反对的人数多少或者说各方"意志"（利益追求动力）的对比，而是各方"意志 × 实力"（利益追求动量）的对比。一人一票的民主表决，往往只能反映各方的"意志"，很难反映各方的"实力"。这样票选出来的制度，有可能遭到"实力"雄厚一方的不满和抵制，无法落实而形同虚设。正如一项管理制度，即使人数众多的员工赞成，可如果老板和股东们不满意，也推行不下去。所以，现实可行的制度是以"博弈实力对比"为基础的，既要考虑"多数人的意愿"，更要顾及"各方的实力对比"。制度表决有其特定的适用条件和适用范围，不能完全以"全民公投"来作为制度合理与否的判断依据。

制度实施前的准备工作

制度文本通过审议后，是不是就可以"张榜公布"、付诸实施了？还不行！还得先做好各项准备工作，包括组织、人事、技术、设施、思想、舆论等各方面的前期准备。实施一项新的制度，就像上演一部新戏，光有剧本和演员不行，如果不让演员事先熟悉剧本，如果不在灯光、音响、布景、道具等方面做好安排，好戏也会被演砸。所以，制度的实施要像商鞅变法那样，先在南门立木，营造舆论氛围。毕竟人们对于新事物都有一个逐步认识和逐步适应的过程，如果不能消除人们心中的惶恐，即使是明显会带来好处的制度，也有可能因遭人误解、被人曲解而中途夭折。古往今来的历史证明：制度变革前的各项准备要比变革本身更重要。打烂一个旧世界容易，建设一个新世界很难。

制度投入运行后，还有一项重要的工作要做，那就是跟踪调试。制度设计如同戏曲创作，虽然已经根据"演员"们的特点量身定做，但只要搬上舞台，就有一个"二度创作"的问题。同一个剧本，剧情、曲牌、唱词都是一样的，不同的人来演，效果会完全不一样。制度也是如此，不管设计多么精巧，表述多么准确，只要进入到"舞台演出"，就会被不同程度地篡改，最后可能面目全非。由于"二度创作"容易受经验支配，往往会使一项新制度在实际执行中，总是自觉不自觉地向旧做法靠拢，甚至沿袭旧做法。所以，再完美的制度设计，也需要进行跟踪调试，根据反馈回来的信息，对制度进行适当的校正和调整。

一般来说，严格按照流程、规范设计出来的制度，不会偏离设计目标。即使调整，也主要是针对个别环节和细节，或者是因为企业内外部环境发生意料之外的变化。如果到了制度运行阶段，还要对"元规则"或主体框架做大的调整，只能说明前面的工作做得不扎实、不牢靠。这样的制度设计就是失败的，就得老老实实从头再来，包括做必要的补充调研，而不是简单地修修补补。怎么重来，这里就不再赘述了。

至此，通通快递总公司违规违纪量化考核制度设计"竣工"了。按照规范，应当请专家来验收。可企业坚持认为：制度效果好不好，如人饮水，冷暖自知。请那些对企业死活其实漠不关心的外人来评审一番，然后不痛不痒地给出"达到国际先进水平"云云的验收结论，没有什么实际意义。在企业的坚持下，这道必要的程序就被省略了。

大功告成

新制度投入运行后，取得了明显效果，违规违纪事件迅速减少。9个月后，整个公司发生的违规违纪事件加起来，也就三五件，制度设计达到了预期目标。而后，按照预案，公司实行新的违规违纪行为惩戒规定，直接针对违规违纪当事人处罚，不再"株连"整个山头。

需要说明的是，对于通通快递总公司的违规违纪量化考核问题，我们给出的只是一个特解——一个适用于特殊案例的解决方案，而不是制度设计的全部。更多的方法，还需要更多的制度设计师，在更多的实践中不断地摸索、提炼和总结。

一些敏于思考的读者，可能还有一个疑问：为通通快递总公司设计出来的这套制度，能不能移植到别的企业中？答案是：可以，但要看对象。制度设计虽然特别强调量体裁衣、量身定制，但定制出来的"衣服"，别的企业也不是一定不能穿。除了"高矮胖瘦"要相差无几，关键是"三围"——初始条件和控制参量。如果制度运行结果对初始条件和控制参量的变化特别敏感，多一点少一点，结果大相径庭，制度移植就要慎重了；反之，如果对初始条件和控制参量的变化不敏感，制度移植就有可能，但也要注意两个企业在思想、观念、意识上的差异。制度离不开文化，如果不经过某种本土化的过程，它便不可能轻易地从一种文化移植到另一种文化。譬如，起源于美国的独立董事制度，被强行嫁接到中国后，原来的"淮南之橘"就成了"淮北之枳"[1]。

---

[1] 夏云峰，暨朝满. 对完善我国独立董事制度的构想——基于独立董事选拔机制的视角[J]. 吉林财税高等专科学校学报，2007，(1)：64-66.

Chapter 10

第十章

民富国强
终须靠制度

治大国如烹小鲜。

本章概览

笔者认为一个企业的经营者或管理者,应当身在企业,心系家国,推动社会各项制度进步,为企业创造适宜的商业生态环境。在本章中,笔者通过"科研管理体制改革""科研人员考核机制改革""中小企业融资再担保制度创新""房地产博弈重构"四个案例,论述了企业制度设计与社会制度设计在道理上是相通的。笔者表示,只要人们认清事物的本质及其运行规律,就会由"盲从膜拜"转变为"自在设计",任何制度都是如此。

"民富国强，众安道泰。"[1]

——赵晔

> "穷则独善其身，达则兼济天下"，一个企业的经营者或管理者，不会只将目光盯着自家一亩三分地，而应做到身在企业，心系家国。更何况，推动社会各项制度进步，本身也是帮企业创造适宜的商业生态环境。

"治大国如烹小鲜"，企业制度设计与社会制度设计在道理上是相通的。一名优秀的制度设计师，既可以将企业制度设计原理和方法引申到社会层面，造福更多人；也可以从范围更广、难度更大的社会制度设计实践中汲取智慧和灵感，反哺企业制度设计。

人类最伟大的发明，不是产品的创造，而是制度的创新，尤其是那些在历史的重要节点上推动了社会变革甚至引发跨越式发展的制度创新。

秦始皇统一六国，并吞八荒，南征百越，北击匈奴，建立起四海宾服的大秦帝国。而为这一切辉煌和荣耀奠定基础的，是商鞅变法。

商鞅变法的内容，涵盖方方面面，废井田、开阡陌，奖励耕织、打压腐儒……这里仅举"有秦国特色的二十级军功爵制"为例以说明。先秦时代，世卿世禄，父子相承。商鞅打破"世袭罔替"的老规矩，施行"二十级军功爵制"。制度规定：秦国士兵，不论出身门第如何，只要斩获敌人甲士一个首级，就可以获得一级爵位。斩获的首级越多，获得的爵位就越高，从最低的"公士"到最高的"彻侯"，俸禄待遇逐级递增，身故可传子，而晋爵的唯一凭据，是砍下来的敌人脑袋。

"二十级军功爵制"成为秦军强大战斗力的源泉。据《战国策》记载："秦人捐甲徒裼以趋敌，左挈人头，右挟生虏。"战场上，秦国士兵脱掉碍事的盔甲，袒胸赤膊上阵，根本就无所谓生死，眼里只有敌人的脑袋，手上提着人头，腋下夹着人头。他们人挡杀人，佛挡灭佛，勇往直前，所向披靡，

---

[1] 赵晔著. 张觉译注. 吴越春秋全译[M]. 贵阳：贵州人民出版社，1993：329.

令无数的敌人闻风已经丧胆，未战先怯三分。

战争胜负，往往决定于战场之外，决定于背后润物无声的制度。

商鞅"为天下立制，为万民立法"，相秦十年，就使偏处一隅的衰弱秦国一跃成为战国首强。两千多年后的中华大地，又开启了波澜壮阔的改革开放进程，从"联产承包责任制"到各项社会制度的调整，短时间内就使得中国的面貌焕然一新，取得的成就举世瞩目。

制度，就像魔法师手中的魔杖，具有"点石成金"的魔力，可以"化腐朽为神奇""易贫弱为富强"。但改革没有完成时，还有许多制度，"世易时移，变法宜矣"，需要不断优化、革新乃至重新设计。

一、科技立国需要制度设计

粗放型的科研管理体制已走到尽头

科学技术是创造生产力的第一源泉，是发展生产力的第一手段，"科技立国""科教兴国"已是国人的共识，无须长篇累牍说废话。但在中国政府高度重视并不断加大科技投入的同时，不得不说的是，国内科研院所的浪费之巨、产出之低、效率之差，也是相当突出的。

且不说大量的学术论文为拼凑，也不说大量的科研经费被挥霍，仅以科研设备为例，普遍存在着"三低"：管理水平低、共享程度低、使用效率低。更有甚者，许多花重金进口的贵重仪器，到了报废年限都还没有拆封，成了一堆"高科技废铁"，而且这种现象不是个别的。

滨海市（这里采用化名）科技主管部门全面调研后发现：在现有管理体制下，科研设施设备的建设、使用、维护和管理体系，患上了无法根治的顽疾——"设施饥渴症"，具体表现为：

（1）"抢摊"。每个科研机构都永远嫌自己的设施设备不够，拼命以各种名义要资金、买设备、建设施，要下来就是自己的，不要白不要。

（2）"守摊"。有了自己的一摊，就不会让别人染指，即使政府大力推动科研设施开放共享，也很难做到"开放、流动、联合、竞争"。

（3）"烂摊"。许多科研设备采购的必要性论证都是编的，因而除常规设备外，多数科研设施特别是大型仪器设备的使用率非常低，管理维护水平不高，最终烂在自己的手里。

与此同时产生的，还有"项目饥渴症""经费饥渴症"，和当年"等、靠、要"的国企极其相似。当科研机构在项目、经费、设施等各个方面都过分依赖政府投入时，局部"改良"作用有限。就连本欲引入公平竞争的科研基金申请和评审制，也逐渐沦为拼关系的"伪竞争"。当年的国企是"吃完财政吃银行"，如今的科研机构是"吃完财政吃基金"。依靠资源投入驱动的粗放型体制已走到尽头，改革迫在眉睫。

实施三大新的制度，形成四大科研市场

鉴于滨海市的科研活动以应用研究为主，笔者在与科技主管部门讨论时提出，对现有科研管理体制进行深度变革，推行三大新的制度——科研监理制、科研设施共享基金制、政府资助购买科研制。

所谓"科研监理制"，是指建立社会化的科研监理机构，在具体科研项目实施过程中，由科研监理机构专门负责科研活动及相关资源的监管、控制和协调，科研机构只需专心于科研活动本身即可。

科研监理机构作为第三方，受业主（政府或企业）委托，对科研项目施行"三控三管一协调"（科研经费控制、进度控制、质量控制，合同管理、信息管理、知识产权保护管理以及提供组织协调服务）。科研监理机构自主经营、自负盈亏，按照科研监理合同收取费用作为自身盈利。如果违规或失职，则要承担经济、行政乃至刑事责任。

所谓"科研设施共享基金制"，是指建立科研设施设备共享基金，财政资金不再直接拨款给科研机构买设备，而是每年补充共享基金；科研机构通过共享基金的资助购置科研设备，每年要按一定比例向共享基金缴纳占用费，同时可对外单位使用者收取使用费，从而逼迫其将科研设施设备拿出来开放共享，并实现财政资金的良性循环。

科研设施占用费的缴纳，可选方式如下：

（1）每年缴纳8%，两年后不再缴纳，缴纳总额为设备金额的16%。

（2）每年缴纳6%，三年后不再缴纳，缴纳总额为设备金额的18%。

（3）每年缴纳4%，五年后不再缴纳，缴纳总额为设备金额的20%。

（4）每年缴纳3%，八年后不再缴纳，缴纳总额为设备金额的24%。

理想的制度，其运行应当是由内在因素自发式驱动的，科研机构自觉支持设施设备开放共享的前提，是其能从中获得好处；外单位使用者愿意"以租代买"，使其能在科研项目竞标中形成报价优势；而科研监理机构则可承担起科研设备有偿转让、租借和使用的市场中介服务，并由此获得了自己的市场空间。

所谓"政府资助企业购买科研服务制"，是指在应用研究领域，项目经费不再直接拨付科研机构，而是转为资助企业向科研机构购买科研服务，并按不同的资助比例，由企业独享或共享知识产权。同时，为防止企业和科研机构"合谋"套取政府财政资金，由科研监理机构负责科研经费的监管，且经费使用顺序是先用企业的，后用政府的。

按照设计方案，三大新的制度在滨海市落地实施后，将最终形成科研设施、科研项目、科研成果和科研中介服务这四大科研市场。

二、人才强国需要制度设计

"劣胜优汰"的科研评价制度

"科教兴国""人才强国"，国以才兴、民以才富。在当今世界，大国之间的经济和科技竞争，归根到底是教育的竞争、人才的竞争。

而人才竞争的背后，则是人才环境的竞争。"一花独放不是春，百花齐放春满园"，要让一大批人才"喷涌而出"，而不仅仅是一两个人才"脱颖而出"，一个宜人宜才的环境是必需的。而在人才成长、发展和发挥作用的各种环境因素当中，制度因素又是至关重要的。

"中国为什么出不了大师？""中国为什么无缘诺贝尔科学奖？"这些问题，让每一颗真正的"中国心"闻之如针刺般疼痛。原因固然来自于方方面面，但现行的教育科研体制，有很多问题需要反思。

以科研评价制度为例，目前国内的高等院校和科研机构，对于科研人员的考核是极其"功利"的，以"论文多少"和"经费高低"论英雄。扭曲的考评制度，必然导致"劣胜优汰"的恶果：那些真正出于"纯粹兴趣"而做科学研究的人，很难在这种体制内"活下去"，而对未知领域的醉心探索与自在追求，恰恰是重大科学发现的源泉。

走入现今的大学校园，就像置身于一个高速运转的商业大公司：大楼越盖越气派，办公室越装越豪华；教授越来越像商人，开着豪车到处去找课题经费；博士越来越像民工，为拼凑论文到处找资料。很少有人是出于"兴趣"去探索未知，大学精神在当今的大学校园里反倒成了一种稀罕之物。在此情形下，那些需要耐得住寂寞、长期坐"冷板凳"的原创性基础研究，几乎无人问津。可若没有原创性基础研究，原始创新就是一句空话，更遑论培育出未来的高新技术产业。

"长效柔性一元化考核机制"

滨海市一所大学新上任的领导班子对此深有感触，但他们认为：单纯指责个别教师的"功利做法"没有意义，有什么样的机制，就有什么样的行为；关键是改革教师考核机制，以鼓励原创性基础研究。

接到这一制度设计任务，笔者一时也犯了难。要原始创新，就要给予原创性基础研究应有的宽松条件，短期甚至长期不出成果也没有关系，可大学里也有滥竽充数的"南郭先生"，完全有可能借此名义混日子。不搞定量考核吧，鉴别不出来；搞定量考核吧，又很难给予真正的"自在探索"一个宽松的研究环境。那么，如何才能在精细而严格的定量考核方式下，做到"简单化""柔性化""长效化"呢？

该高校原来实行的是 KPI 考核：老师们每年要完成多少学时的教学任务，研究生要指导多少名，学术论文要发表多少篇，科研经费要达到多少万元……项项指标都要求完成，再加上双向考评、同级互评，老师们疲于奔命，到处找课题，四处弄经费，"教授"遂被逼成了"商人"。

高校不是不可以搞KPI考核，但问题是，如何才能"化繁为简，以柔克刚"？经过设计后，最终我们在该校实行了"长效柔性一元化考核机制"。

首先，将过去全都要完成的六项考核指标进行"归一化"处理，将全面考核转为单一指标，用简明计算取代复杂评价。教学、论文、专利、科研经费等，都折算为一定的学时数，放在同一标准下衡量。譬如指导硕士生，1人年=8学时；发表核心期刊论文，1篇=16学时。每个教师每年只需完成一定量的总学时数就可以了，怎么完成都行，你喜欢教学，就多带点课；你是论文狂人，就到处投稿。这样一来，教师们可以按其所长，自行选择，自由成长了。

其次，确定合格标准。譬如讲师完成120学时即达标，副教授180学时，教授240学时。不过，为了鼓励教授多开课，即使总学时数达标，每年的授课量仍不得少于48学时，亦即"教学一票否决制"。

在此基础上，为了给原创性基础研究创造一个宽松的环境，还要实行学时转存制度和学时借贷制度。

学时转存制度，是指本年度超额的学时可以冲抵来年的任务量，只是转用到第二年按1/2折算，转用到第三年按1/3折算，依此类推。譬如，教授的年任务量是240学时，今年完成了420学时，超额180学时，明年就可用它来冲抵90学时，只需再完成150学时就达标了。

学时借贷制度，是指为了鼓励基础性、原创性的学术研究，教师可以递交书面申请，经校学术委员会批准后，预先"借支"一定数量的学时，暂时不用理会其他工作，全身心投入到研究中。"借支"的学时，只要在未来两年内通过教学、论文或研究成果补回来即可。

"长效柔性一元化考核制度"给教授们创造了宽松的研究环境。制度实施以后，一大批原来忙于找课题、找经费、发论文的老师纷纷向校方递交申请，有的"借支"一年，有的"借支"两年，按教授们的说法，终于可以沉下心来做基础研究了。

新的制度虽然产生不了立竿见影的效果，但校领导非常有信心：三年之后，肯定会有一批原创性的基础研究成果脱颖而出。

三、金融富国需要制度设计

货币，是价值的纯粹形态[1]；金融，则是纯粹价值的流通与配置。金融既是资源配置对象，又是资源配置手段[2]。金融体系的制度安排，在很大程度上决定着一个经济体系的资源配置能力和资源配置效率。

中小企业信用担保难

中小企业在推动科技创新和技术进步方面起着无法比拟的作用，扶持中小企业就是培育一国未来的生产力。然而，要问中小企业面临的最大困难是什么？恐怕多数企业家都会回答："融资难，难于上青天！"

市场经济条件下，中小企业"融资难"是必然的。原因就在于，市场经济是"嫌贫爱富"的，资金作为一种稀缺资源，哪儿利润高、哪儿风险低，就流向哪儿。中小企业资产实力较弱、信用等级较差、抵押质押不足，在金融机构的眼里，自然是"爷爷不疼、奶奶不爱"。一个简单的对比，给1家大企业贷款1个亿，和给100家小企业各贷款100万，虽然贷款总额相同，但后者的成本和风险百倍于前者。

2008年金融危机，滨海市大量中小企业面临生存困境，市领导纷纷深入企业"蹲点"，给企业打气鼓劲，现场为银企合作牵线搭桥，帮企业解决实际困难。但笔者却对这种做法提出了尖刻的批评意见：一是作为市级领导，抓企业不如抓制度，抓一两家企业，不如制定和出台可惠及千万家企业的制度；二是扶持中小企业不等于降低门槛，市场经济条件下，企业是好是坏，可不可以给予银行贷款，市长说了不算，市场说了算，如果将中小企业贷款变成一项有利可图的事情，银行自己就会"奋勇向前"，用不着给他们做工作、下指令。

之后不久，笔者便接到了滨海市领导下达的纾解中小企业融资难问题的制度设计任务。那么，如何才能引导信贷市场上的资金流向，使之在一定程度上发生偏转，更多地注入中小企业呢？市场经济下，政府的意图需要借助

---

[1] 戴天宇. 经济学：范式革命 [M]. 北京：清华大学出版社，2008：202.
[2] 张亚兰. 从金融资源论的视角看金融理论的发展 [J]. 生产力研究，2005，（3）：224~226.

市场这一"上帝之手"去实现,而各国实践证明,中小企业信用担保和再担保,是市场化手段中能够比较行之有效地解决中小企业融资问题的做法。

中小企业信用担保本身就是一种巧妙的制度安排。依托杠杆放大效应,担保机构用 1 亿元保证金,就可以担保 10 亿元或更多的银行贷款投向中小企业,用市场化手段实现扶持中小企业的政策性目标。

但在国内,商业银行打心眼里对民营担保机构有疑虑、不放心。国内许多民营担保机构自身实力较弱,经营不太规范,一旦发生代偿就有可能亏损或破产。虽然担保机构有 1 亿元的保证金存在银行,可如果担保机构"跑路",银行贷出去的 10 亿元就"抓瞎"了,所以银行会要求担保机构存 5 亿甚至 10 亿元的全额保证金。担保机构为避免风险全都压到自己头上,只能要求企业提供更多抵押质押,市场越做越小,自身难以壮大,反过来更得不到银行信任,由此形成一种恶性循环。

显然,要解开这个死结,谁来为担保机构提供担保就成了关键,这就是"担保的担保"——再担保。再担保机构一般是由政府建立,帮助担保机构分散担保风险、提高偿付能力,使担保机构更容易获得银行的信任,从而最终起到放大中小企业信用贷款的作用。

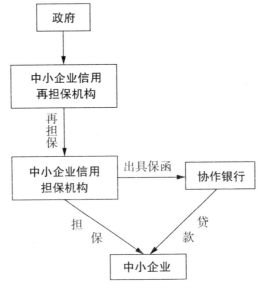

图 10-1 中小企业信用再担保体系运作原理示意图

然而，一提到再担保，问题马上就来了。一些专家学者慷慨陈词，提出"信息不对称""道德风险""逆向选择"等一大堆专业质疑：

"哎呀，如果担保机构和银行联手起来骗再担保，再担保岂不就成了唐僧肉？"

"哎呀，如果政府给担保机构提供担保，担保机构岂不就会追求高风险、高收益，放松风险管理？"

"哎呀……"

"前无古人"的再担保模式

怎么办？办法其实很简单。

"信息不对称"？那就把再担保机构、担保机构、银行放到一个"笼子"里，将彼此之间的相对不透明变得相对透明。

"道德风险"？那就让担保机构、银行出资参股再担保机构，和再担保机构拴在一根"绳子"上，形成利益共同体，一荣俱荣，一损俱损。

"逆向选择"？那就让这样做的担保机构或者银行"搬起石头砸自己的脚"，赔就先赔他自己的，想占便宜，只会"偷鸡不着蚀把米"。

据此，笔者为滨海市设计出全新的再担保体系构建与运营制度。

（1）单位会员制：建立混合所有制的中小企业信用再担保机构，政府方面相对控股，其余资本金面向担保机构和银行公开认购，家数不要求多，择优遴选。只有认购者才能成为再担保体系成员，并依其认购比例行使权利，在开展业务时可以获得再担保支持。再担保成员每三年重新遴选，对风险管理较差的担保机构或银行实行强制退出。

（2）分账运营制：再担保机构为政府、担保机构、银行建立分账户。各成员的认购资金作为风险保证金，存入各自的分账户；每年的收入部分（政府发放的风险补偿金、再担保保费结余、存款利息等）作为风险准备金，也存入各自的分账户，分灶吃饭，各不相干。

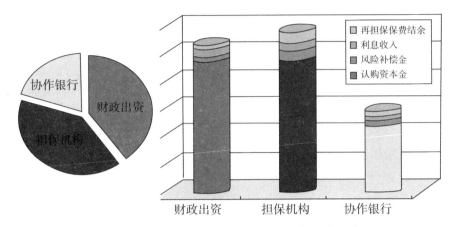

图 10-2 再担保机构中各单位分账户组成示意图

（3）成员最惠制：再担保中心对其成员承接的中小企业贷款，分担 50%（上下浮动）的风险。加入再担保体系的银行必须在利率和手续上给予担保机构以"最惠国待遇"，加入再担保体系的担保机构必须给予贷款企业不高于 60% 的抵押质押率，以利于中小企业融资。

（4）风险分担制：给中小企业发放每笔贷款时，银行、担保机构、再担保机构三方独立审核，不受其他两方影响。贷款出险时，再担保机构、担保机构、银行的风险分担比例基准为 5∶4∶1。

（5）动态信用制：在再担保体系内，给受保企业、担保机构和银行建立信用档案，根据贷款项目状况进行动态调整。再担保分担的风险比例和收取的担保费率，会依据各成员单位的信用状况而浮动。

表 10-1 再担保风险分担比例和费率动态调整示意表

对象	信用调整事项		再担保分担比例	再担保费率
对担保机构对协作银行	再担保机构成立时		50%	0.5%
	项目每发生正常终结一次		+0.2%	−0.01%
	项目每发生贷款逾期一次		−2.0%	+0.1%
	项目每发生代偿一次	自愿补回再担保机构代偿损失	−0.0%	+0.0%
		追偿所得补回再担保代偿损失	−2.0%	+0.1%
		追偿所得有返还再担保机构的	−4.0%	+0.2%
		追偿所得无返还再担保机构的	−6.0%	+0.3%

续表

对象	信用调整事项	再担保分担比例	再担保费率
对受保企业	重点扶持产业目录企业	+4.0%	-0.2%
	信用等级提升一级	+2.0%	-0.1%
	信用等级下降一级	-2.0%	+0.1%

以上动态调整，以再担保的风险分担比例不超过30%~70%为限，担保机构或银行的再担保分担比例低于30%的，将实行强制退出。

（6）分段代偿制：为避免受保企业、银行、担保机构向再担保机构进行风险转嫁，实行"分段分账代偿"。贷款发生损失时，谁家的孩子谁抱走，再担保机构、担保机构、银行依照风险分担比例各自承担损失。而再担保机构负责的代偿，又是分账分段进行的，即首先从造成损失的担保机构和银行的分账户中扣除；余额不足，才由政府分账户中的资金继续代偿。

第一段代偿：用担保机构和银行分账户中的风险准备金（包括历年的风险补偿金分配、再担保保费结余再分配、利息收入）进行代偿。

第二段代偿：第一段代偿不足时，由政府分账户中的风险准备金继续代偿。

第三段代偿：第二段代偿不足时，由担保机构和银行分账户中的认购资本金继续代偿。

第四段代偿：第三段代偿仍然不足时，才会动用政府分账户中的认购资本金。

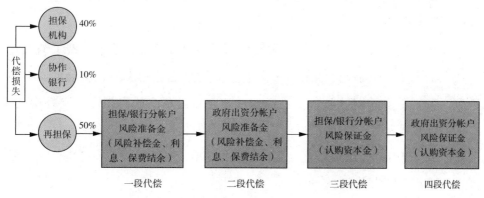

图 10-3　再担保分账分段代偿示意图

一句话，赔就先赔你自己的。想玩小心眼、耍小聪明，只会搬起石头砸自己的脚，得不偿失，你自己看着办吧。

（7）风险补偿制与超额分红制：政府财政每年安排再担保风险补偿金，按照一定规则分配到各成员的分账户中，作为风险准备金。风险准备金累积到一定额度后，超额部分就可以作为利润分红提走。

担保机构和银行凭什么会加入再担保体系？理由很简单：利益。

财政每年拿出再担保风险补偿金进行分配，其中一半按照出资额分配（包括政府出资），一半按照上一年度的再担保业务额（不包括政府出资）分配，以鼓励担保机构、银行积极出资参与和开展业务。

再担保保费收入结余部分，也按照上述原则分配到各家分账户。

哪一家成员单位积极给中小企业贷款，风险管控得好，代偿少，其分账户中的风险准备金就会越积越多，到一定额度，便可作为利润分红提走。经测算，担保机构和银行的年化收益率可以达到18%~35%，利润可观，自然就会积极拓展业务，扩大贷款企业覆盖范围。而由于再担保费率远低于担保费率，担保机构也会积极地申请再担保分保。

这一模式说白了，就是财政每年拿出一笔再担保风险补偿金，为金融机构分担一部分风险，降低一部分成本，让中小企业信用贷款业务成为一项有利可图的事情，以吸引更多民间资本专心从事中小企业信用担保业务。靠财政一家之力去扶持中小企业，不如以此为杠杆，撬动千百家金融机构去扶持。同时，将担保机构、银行纳入再担保体系规范运营，促优弃劣，促进担保行业良性发展。

那么，政府每年白白拿出一大笔再担保风险补偿金，是否浪费了纳税人的钱？也不是，中小企业获得了资金支持，更好更快地发展，就会形成更多税源，带来更多的财政收入，远远超过政府每年拿出的再担保风险补偿金。实际运行数据表明，每年8000万的再担保风险补偿金，可以支撑10亿元再担保资本金，将带动100~150亿元银行贷款，新增社会销售额178~325亿元！因而这笔钱花得极为合算。

以上制度创新，诸如单位会员制、分账管理、分段代偿、再担保风险补偿金、超额分红制等，都是国内外再担保行业不曾有过的做法。新的再担保模式，既给银行吃"定心丸"，也不会为担保机构"兜底"，依托双层杠杆放大效应，巧妙而有效地解决了中小企业"融资难"。

四、宏观调控需要制度设计

国民经济宏观调控，按照经济学家们的说法，主要是靠财政政策和货币政策。但真正的武学大师，"不滞于物，草木竹石均可为剑"，舆论宣传、信息披露、领导示范、反腐倡廉、政府机构改革、人口政策调整、市场化与反市场化……凡此种种均可作为宏观调控之"剑"。而在各式各样的调控手段当中，最根本、最长效的调控手段，或者说治本之策、长效机制，乃是制度的调整与变革。

从"博弈论"看"房价调控"

当前，房价问题成了中国经济的一大困扰。过去几年，中央政府出台了多项房价调控措施，但效果一直不太明显。自2014年年初以来，房价出现了比较明显的下跌，但对很多有购房意愿的人来说，房价依旧"高不可攀"。有人买不起房，可房价却很少下跌，那么，中国的房价到底是高还是不高呢？

房价高不高，用不着扯东扯西，比东比西，评判标准只有一个，价值。无论从商品价值出发，还是以资本价值度量，国内的房产价格都远高于其价值。市场经济，"千规律，万规律，价值规律第一条"，价格迟早会回归价值，错位时间越长，扭曲程度越大，"地震烈度"越强。

事到如今，"打嘴仗"已经没有任何意义，怎么才能解决问题？

怎么解决取决于如何认识，也就是要弄明白：房价到底是什么？

在某些经济学家的笔下，市场经济被吹得神乎其神、无所不能。其实哪有那么玄乎，站在博弈论的角度，市场经济不过是人类的一种玩法，简单的市场游戏由三种博弈交织而成：买—卖博弈、买—买博弈、卖—卖博弈。但在大多数市场结构中，博弈主体并非只有买家和卖家，而是多方博弈；博弈结果也并非只取决于买卖双方的供求关系,而是多方博弈形成的相互影响、相互制约的联动体系。如果将眼睛只盯在供求关系上,视野是褊狭的,认识是片面的。

国内房地产市场也是一个多方博弈、一场多方参与的游戏(中央政府、地方政府、银行、房地产开发商、房地产销售商、投资投机者、自住购房者以及其他玩家)。由此我们不难理解,房价到底是什么?是这场游戏的结果,是参与这场游戏的诸方玩家相互博弈、玩出来的一个又一个结果。因而那些直接以房价作为调控对象的政策措施,注定难以奏效,因为博弈论早已证明:在重复博弈中,游戏结构不变,游戏规则不变,再玩一次,游戏结果还会一样。即使硬把房价压下去,一松手,还会得到同样的结果——房价持续上涨。

房地产困局的破解之道

显然,要想破解房地产困局,调控就不能盯着房价本身,而要在房价背后的博弈结构和游戏规则上动手术。打压房价只是一时之策,抽薪止沸的解决之道,是重新设计出一套新的房地产市场游戏规则,在顶层设计规则,在源头解决问题,才能有效地实现房价平稳回归。

设计"游戏规则",首先要找出游戏中的"玩家"。在房地产市场多方博弈的舞台上,"生旦净末丑、神仙老虎狗",演绎出一幕幕跌宕起伏的剧情。那么,谁才是这场大戏里真正的主角呢?

在简单的市场游戏中,买卖双方的博弈就能形成"均衡",但在房地产市场中,购房者"用脚投票"吓不倒房地产开发商。因为还有银行、房地产基金等"接盘者",所以购房者只是价格的被动接受者,只是跑龙套、敲边鼓的群众演员,没有什么话语权。买卖双方的博弈并不起主导作用,将眼珠子盯在自住购房者及其所谓的"刚需"上,纯属"蚊子叮菩萨——找错了对象"。真正导致国内房价持续上涨的核心动因,是两个核心主角(地方政府和房地产开发商)之间的利益联动机制,地价高、房价更高,房价高、地价更高,从而导致地价、房价交替式螺旋上升。

因此，解决的要义，是重构两个主角之间的博弈机制，将房地产开发商和地方政府自然形成的"利益一致体"转化为"利益对立体"，形成二虎相争的格局，问题自然就会冰雪消融。具体来说，土地出让不以价高者得之，而是以某种其他方式（如小区规划设计方案）竞标。中标的房地产商开发后，卖多高的价格都行，每平方米80万元也没人干涉，但地方政府征收超额累进的房地产所得税，就像个人所得税，免征额之上，房价越高，税收比率越高。譬如免征额为3千元/米^2；3~6千元/米^2，税率10%；6~9千元/米^2，税率20%；9~12千元/米^2，税率30%；依此类推。这样一来，土地出让金转化为房地产所得税，事前的地价博弈转化为事后的房价博弈，地方政府收多了，房地产商的兜里就少了。两家利益对立，自然就会掐起来，再加上超额累进税天然具有限高作用，在此情形下，房地产商反而不愿把房价定得太高，定得太高，地方政府拿走"大头"，反而不能实现自身利润最大化。

在新的游戏规则中，中央政府多了可操作的市场驾驭手段，地方政府的收入并没有减少，房地产商也少了拿地的巨额资金压力和利息支出，而购房者则可从"鹬蚌相争"中"渔翁得利"。

只知其然，被市场经济玩；知其所以然，玩市场经济；掌握事物的本质和规律，甚至可以对市场经济本身进行各式各样的精巧设计。从自发地顺应市场经济，到自觉地设计市场经济，人们通过主动改变、重构市场游戏规则和市场交易方式，不仅可以对市场经济进行调控，还可以进行"整形"，甚至能够在计划经济和自由市场经济之外，建立起第三种社会经济运行方式——被规划、被设计、被构建的市场经济。

当人们认清事物的本质及其运行规律，之前的盲从膜拜就会变为之后的自在设计，市场经济如此，民主政治如此，其他制度也是如此。

结 语

到这里，本书对制度设计原理、流程和方法的讲解就告一段落了。圆梦中国，制度设计不可或缺，这里引用德国学者柯武刚、史漫飞的一段话作为本书的结语："在过去的一个世纪里，很少有哪个国家的国民比中国人更多地遭受艰难、战争、骚乱和困苦。但在这一千年的最后几十年里，我们目睹了这一不幸趋势的转向。所有善意的观察者一定会为此而高兴。中国在赶超中给人印象最深的进步应主要归功于中国人的机敏和勤劳，但也应归功于中国再次向外部世界开放了它的经济。中国经济体制中的这些基本变化将使发展新的、可信赖的制度变得必要。这种制度将适应新一代人的期望和基本价值观。这是中国现代化的任务之一。它可能比中国在二十年前所启动的四个现代化更艰巨，更难以把握，更富于挑战性，但从长期来看也更加重要。"[1]

---

[1] 柯武刚，史漫飞. 制度经济学：社会秩序与公共政策 [M]. 韩朝华译. 北京：商务印书馆，2000：序言.

附 录

主要参考文献（按引文顺序）

1. 阿玛蒂亚·K. 森. 伦理学与经济学 [M]. 王宇，王文玉译. 北京：商务印书馆，2000.

2. 邓小平文选：第 2 卷 [M]. 北京：人民出版社，1994.

3. 温斯顿·丘吉尔. 英语国家史略 [M]. 薛力敏，林林译. 北京：新华出版社，1985.

4. 安德鲁·肖得. 社会制度的经济理论 [M]. 陆铭，陈钊译. 上海：上海财经大学出版社，2004.

5. 卢周来. 关于制度成本的一则小故事 [EB/OL]. http://luzhoulai.i.sohu.com/blog/view/110855297.htm，2009-2-3/2010-10-10.

6. 范庆桦. 中国文化的十一大反思 [DB/OL]. http://fqh3a.vip.bokee.com/，2006-06-14/2007-06-14.

7. 马克思恩格斯全集：第 3 卷 [M]. 北京：人民出版社，1971.

8. 章学峰. 新闻出版总署公布第二批伪书名单 [DB/OL]. http://news.xinhuanet.com/book/2005-07/26/content_3266799.htm，2005-07-26/2013-06-06.

9. Thomas L. Friedman. Medal of Honor [N]. New York Times, 2000-12-15.

10. 孟德斯鸠. 论法的精神：上册 [M]. 孙立坚，孙丕强，樊瑞庆，董晓涛译. 北京：商务印书馆，1961.

11. 赵枫. 考勤制度阴晴不定 [DB/OL]. http://finance.sina.com.cn/leadership/jygl/20060601/15352616543.shtml，2006-06-01/2007-07-01.

12. 孙国峰. 制度、交易成本与社会责任的关系 [J]. 兰州大学学报（社会科学版），2003，31（2）：101~106.

13. 陈国栋. 公司要求女员工怀孕必须提前三个月汇报[N]. 重庆晚报，2008-12-11.

14. 蒋振凤. 鄞州一公司职工上厕所要先申请[N]. 现代金报，2008-12-16.

15. 李晓锋，郑健阳. 员工救活一座五星级酒店[N]. 深圳商报，2006-11-13.

16. 列宁选集：第1卷[M]. 北京：人民出版社，1972.

17. 亚当·斯密. 国民财富性质和原因的研究：上卷[M]. 郭大力，王亚南译. 北京：商务印书馆，1972.

18. 弗里德里希·冯·哈耶克. 个人主义与经济秩序[M]. 北京：北京经济学院出版社，1989.

19. 毛泽东选集：第1卷[M]. 北京：人民出版社，1967.

20. 马克思恩格斯选集：第2卷[M]. 北京：人民出版社，1972.

21. 王通讯，朱彤. 科学家名言[M]. 石家庄：河北人民出版社，1980.

22. A. J. M. 米尔恩. 人的权利与人的多样性——人权哲学[M]. 夏勇，张志铭译. 北京：中国大百科全书出版社，1995.

23. 弗里德里希·冯·哈耶克. 通往奴役之路[M]. 王明毅，冯兴元译. 北京：中国社会科学出版社，1997.

24. 方新民. 范式分析：新古典经济学与经典力学的比较研究[J]. 学术探索，2001，（1）：7~9.

25. 张顺燕. 数学的思想、方法和应用[M]. 北京：北京大学出版社，1997.

26. 王弼集校释. 老子道德经[C]. 上海：上海书店，1986.

27. 中华人民共和国消费者权益保护法案例解读本[M]. 北京：法律出版社，2009.

28. 司马迁. 史记：卷八·高祖本纪[Z]. 裴·集解. 北京：中华书局，1982.

29. 朱红林. 张家山汉简《贼律》集释[J]. 古籍整理研究学刊，2005，（2）：30~41.

30. 钟庆. 刷盘子，还是读书：反思中日强国之路[M]. 北京：当代中国出版社，2005.

31. 夏云峰，暨朝满. 对完善我国独立董事制度的构想——基于独立董事选拔机制的视角 [J]. 吉林财税高等专科学校学报，2007，（1）: 64~66.

32. 赵晔著. 张觉译注. 吴越春秋全译 [M]. 贵阳: 贵州人民出版社，1993.

33. 戴天宇. 经济学: 范式革命 [M]. 北京: 清华大学出版社，2008: 202.

34. 张亚兰. 从金融资源论的视角看金融理论的发展 [J]. 生产力研究，2005，（3）: 224~226.

35. 柯武刚，史漫飞. 制度经济学: 社会秩序与公共政策 [M]. 韩朝华译. 北京: 商务印书馆，2000.